Scharfschützeneinsatz in Woronesch

Juli 1942 – Landser und Scharfschützen im Einsatz zwischen den Ruinen der Don-Metropole

Wolfgang Wallenda

Scharfschützeneinsatz in Woronesch

Juli 1942 – Soldaten der 3. Infanterie-Division (mot.) stehen bei Woronesch im Kampf. Spähtrupp-Unternehmen durch die Ruinen der zerstörten Stadt gleichen Himmelfahrtskommandos. Überall lauern Scharfschützen.

Einer dieser Spähtrupps, begleitet von einem deutschen Scharfschützen, gerät hinter die feindlichen Linien und kehrt nicht planmäßig zurück. Die Wehrmacht steht vor einem Großangriff auf die russische Metropole, zeitgleich rüstet die Rote Armee zum Gefecht.

Ein Wettlauf gegen die Zeit beginnt.

Impressum:

©2014 Wolfgang Wallenda

Umschlaggestaltung, Herstellung und Verlag:
Books on Demand

Titelbild und Rückseite:

Bundesarchiv, Signatur: Bild 1011-216-0417-19, *Foto: Dieck,*
Sowjetunion, bei Woronesch - zwei Soldaten in Stellung, Soldat mit Gewehr und
Zielfernrohr im Anschlag und Soldat mit Fernglas beobachtend; PK 694

ISBN: 978-3-7357-5629-9

Jeder Krieg ist ein Verbrechen, jeder Krieg ist vergleichbar mit völliger Vernichtung und jeder Krieg muss im Ansatz verhindert werden. Kriege sind der Untergang der Zivilisation und damit der Untergang der Menschheit.

Junge Männer zogen 1939 für ein verbrecherisches Regime in den Kampf, glaubten an das Gute, verbreiteten jedoch das Böse. Der deutsche Soldat wurde zum Schreckensbild für Millionen Menschen in Europa und der ganzen Welt.

Alles was man den einfachen Landsern vorgaukelte, zerplatzte seifenblasenartig an den Fronten der Schlachtfelder. Hier fanden sie nicht den gepriesenen Heroismus, hier fanden sie Tod, Leid und Verderben.

Irgendwann trat der Moment ein, in dem sie nicht mehr für Hitler und dessen Nazi-Regime kämpften. Ab diesem Moment kämpften sie für sich, für ihre Kameraden und darum, dass das, was sie dem fremden Land angetan hatten, nicht ihrer Heimat widerfährt.

Den Opfern zum Gedenken – den Lebenden zur Mahnung.

Vorwort:

Im Juni 1942 begann die deutsche Sommeroffensive an der Ostfront. Mit voller Wucht rückten die Wehrmachtstruppen gegen den etwa 800 km breiten Südabschnitt der Front zwischen Kursk und Taganrog am Asowschen Meer vor. Der Anfangserfolg der groß angelegten Offensive war enorm. Teile der 24. Panzer-Division erreichten bereits nach einer Woche bei Woronesch den Don. Die Stadt Woronesch war Verkehrskreuz und Rüstungszentrum zugleich. Zur Eroberung des Industriestandorts wurde u.a. die 3. Infanterie-Division (mot.) herangezogen.

Entgegen des bisherigen Offensivverlaufs stießen die deutschen Truppenverbände auf erbitterten Widerstand. Die Rote Armee wusste um die Wichtigkeit von Woronesch und verteidigte die Stadt bedingungslos. Binnen kürzester Zeit lag die Industriestadt zum Großteil in Trümmern. Ein hartnäckiger Kampf um Straßenzüge und Häuser begann. Stoßtrupps wurden durch die Ruinen geschickt, um Aufklärung zu betreiben.

Scharfschützen, die in Granattrichtern, Laufgräben, Erdbunkern und letztendlich in den Ruinen zerstörter Häuser und Fabriken beste Deckung fanden, kamen auf beiden Seiten zum Einsatz. Sie verbreiteten Furcht und Schrecken.

Das OKW wusste, dass ein Stellungskrieg drohte, wenn es nicht gelingen sollte das gesamte westliche Donufer einzunehmen. Die Sommeroffensive war gefährdet.

Der Kampf um Woronesch hatte begonnen. Jedes Spähtrupp-Unternehmen durch die Ruinen der Stadt glich einem Himmelfahrtskommando. Viele der Männer kehrten nicht zurück.

Woronesch wurde nie gänzlich eingenommen.

Daten

3. Infanterie-Division (mot.) "Kommandant von Frankfurt"

Aufstellung der Einheit:

Im Oktober 1934 wurde die Division unter dem Tarnnamen *„Kommandant von Frankfurt"* in Frankfurt an der Oder *(Wehrkreis III)* aufgestellt und ein Jahr später in *3. Infanterie-Division* umbenannt.

Wiederum ein Jahr später, im Oktober 1940, gliederte man die Einheit zur *3. Infanterie-Division (motorisiert)* um.

In Stalingrad wurde die 3. Infanterie-Division (mot.) vernichtet.

Ab März 1943 stellte man die *3. Infanterie-Division (mot.)* in Frankreich wieder auf, indem man die Restteile der Division (die nicht im Kessel von Stalingrad eingeschlossen war) mit der *386. Infanterie-Division* zusammenfasste und diese Einheit ab Juni 1943 zur *3. Panzer-Grenadier-Division* umbildete.

Privatarchiv des Autors, Foto: die Gruppe tritt noch einmal an, dann geht es los

Gliederung der Division Ende 1940:

(und damit zum Zeitpunkt der Romanhandlung)

- Infanterie-Regiment (motorisiert) 8
- Infanterie-Regiment (motorisiert) 29
- Artillerie-Regiment (motorisiert) 3
- Aufklärungs-Abteilung (motorisiert) 53
- Kradschützen-Bataillon 53
- Panzerjäger-Abteilung 3
- Pionier-Bataillon (motorisiert) 3
- Infanterie-Divisions-Nachrichten-Abteilung (motorisiert) 3
- Infanterie-Divisions-Nachschubführer (motorisiert) 3
- Divisionseinheiten 3

Kommandeure der Division:

Okt. 1934 - März 1936	Generalmajor Curd Haase
März 1936 – Nov. 1938	Generalleutnant Walter Petzel
Nov. 1938 – Okt. 1940	Generalleutnant Walter Lichel
Okt. 1940 - Mai 1941	Generalleutnant Paul Bader
Mai 1941 – April 1942	Generalleutnant Curt Jahn

April 1942 – Januar 1943	Generalmajor Helmuth Schlömer
Jan. - Febr. 1943	Oberst Jobst Freiherr von Hanstein
März 1943 – Juni 1944	Generalleutnant Fritz-Huber Gräser
Juni 1944 – Okt. 1944	Generalmajor Hans Hecker
Okt. 1944 – April 1945	Generalleutnant Walter Denker

Anmerkung:

Phasenweise, teils nur für zwei bis drei Wochen, wurde die Division von anderen Offizieren geführt, die hier nicht erwähnt sind.

Einsätze der 3. Infanterie-Division (mot.):

1939

September

Heeresgruppe Nord:

- Polenfeldzug, Kampf um Warschau

ab Oktober

Heeresgruppe B:

- Eifel - Grenzsicherung

1940

Mai/Juni

Heeresgruppe A: Westfeldzug

- Vormarsch durch Luxemburg
- südlicher Flankenschutz bei der Aisne
- Kampfeinsätze bei Epoye und Masmes
- Schutz der Demarkationslinie

ab September

- Deutsches Reich - Friedensgarnison

1941

Juni - Oktober

Heeresgruppe Nord: Rußland

- Vormarsch über Dünaburg - Ludza - Opotschka - Ostrow und Porchow
- Kampfeinsätze im Raum Mjedwed-Wereteni
- Vorstoß auf Luga und in den Raum südlich von Staraja Russa (Raum Demjansk)

Oktober - Dezember

Heeresgruppe Mitte: Rußland

- Angriff auf Moskau
- Nara-Brückenkopf
- Rückzugskämpfe bis zur Rusa

1942

Heeresgruppe Mitte: Rußland

Januar - Mai

- Abwehrkämpfe im Raum Kaluga - Gshatsk - Wjasma

Juni/Juli

Heeresgruppe Süd: Rußland

- Kampf um Woronesch

August 1942 – Januar 1943 (Vernichtung)

Heeresgruppe B: Rußland

- Stalingrad *(nur wenige Einheiten der Division entgingen dem Kessel von Stalingrad – sie bildeten die Basis zur Neuaufstellung im März 1943)*

1943

März

Neuaufstellung der 3. Infanterie-Division (mot.)

Juni

Umbildung zur 3. Panzer-Grenadier-Division

Juli 1943 bis Juli 1944

Heeresgruppe OB Süd / C und B: Italien

- Entwaffnung Italiens
- Kämpfe um den US-amerik. Landungskopf Salerno
- Kämpfe bei Monte Cassino
- Kämpfe im Alliierten Landungskopf bei Anzio-Nettuno
- Rückzugskämpfe bis Rom

August - November

- Einsatz an der Westfront

Dezember

- Ardennen-Offensive

1945

Januar/Februar

- Kampfeinsätze in den Ardennen, u.a um Bastogne

März/April

- Rückzugskämpfe zum Rhein südl. Köln
- letzte Einsätze im Siegerland / Raum um Iserlohn

Kapitulation 16. April 1945

Kriegsverbrechen:

Massaker von Caiazzo / Italien

Am 13. Oktober 1943 wurden von Angehörigen des *3. Panzer-Grenadier-Regiments 29 (mot.), 3. Panzer-Grenadier-Division*, in der Ortschaft Caiazzo 22 italienische Zivilpersonen auf bestialische Art und Weise ermordet. Unter den Opfern befanden sich vier Männer, sieben Frauen, eine Jugendliche und zehn Kinder.

US-amerikanischen Soldaten entdeckten Tage später die Leichen des Massakers.

Deutsche Landser, die zwar anwesend, aber an den Ermordungen nicht beteiligt waren, schwiegen aus Angst vor ihrem Vorgesetzten. Aus diesem Grund erfuhr die Führung der Einheit nichts von diesem Kriegsverbrechen.

Der für diese Schreckenstat verantwortliche Leutnant, damals 20 Jahre alt, geriet etwa drei Wochen später in amerikanische Kriegsgefangenschaft, wurde zu dem Kriegsverbrechen verhört und gestand die Tat.

Dem Angeklagten gelang kurz darauf die Flucht aus dem Gefangenenlager. Da der Name des Kriegsverbrechers seitens der amerikanischen Militärs leider falsch geschrieben wurde, konnte der Leutnant untertauchen. Erst in den 90er Jahren des letzten Jahrhunderts wurde er ermittelt und in Deutschland gerichtlich zur Verantwortung gezogen.

Das Landgericht Koblenz stellte jedoch die Verjährung der Tat fest. Der Bundesgerichtshof bestätigte das Urteil aufgrund der damals gültigen Verjährungsfristen.

Das Kriegsverbrechen bleibt ungesühnt.

Eckdaten der Schlacht um Woronesch:

Zeitraum der Kämpfe: 05.07.1942 bis 25.01.1943

Hier ist zu beachten, dass Woronesch von den Achsenmächten zwar weitgehend besetzt war, aber nie ganz eingenommen werden konnte. Am 25. Januar 1943 wurde die Don-Metropole von der Roten Armee gänzlich zurück erobert.

Sommeroffensive 1942

Spricht man von dem Kämpfen bei Woronesch, muss man bedenken, dass die Stadt nur eines von vielen Zielen der Achsenmächte während der großen Sommeroffensive war.

Die deutsche Wehrmacht stieß zwischen 150 Kilometer und 400 Kilometer ins Feindgebiet vor und fügte der Roten Armee dabei erhebliche Verluste zu. Binnen weniger Wochen hatte die Sowjetunion 290.000 Gefallene oder Vermisste Soldaten und etwa 195.000 Verwundete Rotarmisten zu beklagen. Zudem waren 80.000 Soldaten in Gefangenenschaft geraten. Mehr als 2.400 Panzer, 13.700 Geschütze und Mörser, sowie 780 Flugzeuge wurden vernichtet bzw. erbeutet.

Die eigenen Verluste wurden nach deutschen Angaben mit 19.000 Toten und Vermissten, sowie 75.000 Verwundeten angegeben.

Bestärkt durch diesen militärischen Erfolg, wurde die geplante Doppel-Offensive nach Stalingrad und in den Nordkaukasus in die Tat umgesetzt.

Angreifer

Heeresgruppe Süd: Oberbefehlshaber *Generalfeldmarschall Fedor von Bock*

- Truppenstärke: etwa 900.000 Soldaten
- 1260 Panzer
- 17.000 Geschütze und Mörser
- 1650 Flugzeuge

Verteidiger

drei sowjetische Fronten:

- Brjansker Front *(Marschall Filip Golikow)*
- Südwestfront *(Marschall Semjon Timoschenko)*
- Südfront *(Marschall Rodion Malinowski)*

Stärke:

- 655.000 Soldaten

- 750 Panzer
- 14.200 Geschütze
- 1.000 Flugzeuge

Aufbau eines Divisionsstabs:

Der Divisionskommandeur war Führer der Division und somit verantwortlich für die Umsetzung der vom Armeekorps (der Division vorgesetzte Kommandobehörde) ausgegebenen Weisungen und Befehle.

Der Divisionsstab wiederum setzte diese Vorgaben im Rahmen der jeweiligen Zuständigkeiten um. Er bestand i.d.R. aus ca. 100 Offizieren und Mannschaften und war voll motorisiert. Die Bewaffnung beschränkte sich auf Handfeuerwaffen, Maschinenpistolen, Gewehren und zwei leichten Maschinengewehren.

Der Divisionsstab gliederte sich in drei Hauptgruppen:

Führungsabteilung

- Leitung: Ia (Oberstleutnant i.G.)
  Aufgabe: Truppenführung, Ausbildung, Organisation, Unterbringung, Auswertung von Erfahrungen, Befehlsausarbeitung Vertretung des Divisionskommandeurs

- Vertreter: Ic (Hauptmann i.G.)
  Aufgabe: Feindbearbeitung und Abwehr, Gefangenenverhöre, Beurteilung der Feindlage und Vorschlagen von Taktiken, Nachrichtendienst (Funk, Fernsprecher und Feldpost)

- Ordonnanzoffizier, O 1, (Hauptmann o. Major)

Aufgabe: Gehilfe des Ia, Führen von Lagekarten, Verbindung zu benachbarten Einheiten, Gliederung und Stärkenbildung der eigenen Divisionseinheiten

- Ordonanzoffizier, O 3, (Oberleutnant)
  Aufgabe: Gehilfe des Ic, Kartenstelle mit Durckereizug, Auswertung der Beutekarten, Herstellung von Schießkarten für die Artillerie, Dolmetscher

Adjutantur:

- Leitung: IIa (Major), Divisionsadjutant, Zuständig für Personal und Ersatzwesen, Beförderungen, Urlaub etc. der Offiziere, Führung von Verlustlisten

- IIb (Hauptmann), w.o. jedoch für Unteroffiziere, Geschäftszimmerwesen (Schreiber, Ordonnanzen)

- III, Divisions-Kriegsgericht mit Kriegsgerichtsrat und Urkundsbeamten, Beisitzer bei Verhandlungen waren jeweils ein Soldat im gleichen Dienstrang wie der Angeklagte, sowie ein Divisionsvertreter (z.B. IIa oder IIb). Die Verteidigung wurde von einem juristisch gebildeten Offizier des Divisionsstabs bestellt.

- Registratur (Beschaffen von Bürobedarf, Ein- und Auslauf von Befehlen)

- Stabsquartier (Hauptmann)
  Aufgabe: Unterbringung und Verpflegung der Angehörigen des Divisionsstabs, Kradmeldezug, Tarnung und Deckung des Stabs

Quartiermeisterabteilung

- Versorgungszentrale der Division
- Führung: Ib (Major i.G.)
  Aufgabe: Versorgung der gesamten Division mit Verpflegung, Futter für die Tier, Munition, Bekleidung
  aber auch: Straßenbau, Luftschutz, Bewegung der Trosse
- Ordonnanzoffizier O 2
  Aufgabe: Gehilfe des Ib, Organisation der Rückwärtigen Dienste
- Ib/WuG (Waffen und Geräte – Hauptmann)
  Aufgabe: Nachschub und Pflege von Waffen, Munition und Geräte aller Art (ohne Sanitäts- und Veterinärdienste, Pioniere)
- Ib/Kfz, Divisions-Ingenineur
  Aufgabe: Nachschub von Fahrzeugen, Reifen, Betriebsstoffe, Werkstattkompanie, sowie Verkehrsangelegenheiten
- IVa, Divisionsintendant (Intendanturrat), Vorgesetzter der Verwaltungs- und Nachschubdienste
- IVb, (Oberfeldarzt)
  Aufgabe: Vorgesetzter Divisionsarzt des Sanitätspersonals, Einsätze der Sanitätskompanien, Transport der Verwundeten, Hygiene in der Truppe, aber auch für die Zivilbevölkerung
- IVc, Divisionsveterinär
  Aufgabe: Gesundheitsdienst für die Tiere (Pferde etc.), Nachschub, Tierseuchenabwehr, Überwachung der Schlachterei-Kompanien (Lebensmittelkontrolle)
- IVd, katholische und evangelische Kriegspfarrer
  Aufgabe: Seelsorge
- IVz, Stabszahlmeister und Rechnungsstelle der Feldkasse
  Aufgabe: Auszahlung des Wehrsolds, Einzahlung der Soldaten an ihre Familien in der Heimat

angegliederte Dienste:

- Divisionsnachschubführer
- Feldpostmeister
- Gepäcktross

Der Divisionsstab befand sich im Rücken der Truppe und folgte ihr, wobei die Führungsabteilung (Divisionsgefechtsstand) meistens im Feld (z.B. Unterstände in einem Waldstück) und der Rest des Stabs in Ortschaften untergebracht waren. Die Entfernung zur Truppe betrug für den Divisionsgefechtsstand ca. 10 bis 15 Kilometer, für den Rest bis zu 20 Kilometer.

Feldgendarmerie:

Dieser Truppenteil war direkt dem Divisionskommandeur unterstellt.

Stärke (Division) eines Feldgendarmerie-Trupps:

- 1 Offizier (Leutnant, Oberleutnant)
- 36 Mannschaften, wobei der niedrigste Dienstrang der eines Unteroffiziers war

Anmerkung: *Bei größeren Panzer-Divisionen betrug die Stärke bis zu 64 Feldgendarmen.*

Die Feldgendarmen waren motorisiert (Pkw, Lkw und Krad) und mit Pistolen und Maschinenpistolen bewaffnet. Ihren Spitznamen „Kettenhunde" verdanken sie dem an einer Kette um den Hals getragenen metallenen Ringkragen mit Hoheitsabzeichen und der Aufschrift: Feldgendarmerie.

Aufgabe: Ordnung und Sicherheit, Verkehrsangelegenheiten,

insbesondere

- das Aufspüren von Spionen, Saboteuren oder Partisanen unter der Zivilbevölkerung
- Einrichten von Versprengtensammelstellen
- Suche nach Fahnenflüchtigen
- Einweisung der rückweichenden Truppe in Auffanglinien,

- Errichtung von Gefangenensammelstellen in Kampfräumen
- Durchsuchen von Gefangenen nach kriegswichtigen Unterlagen
- Ahndung bei Vergehen vom Wehrmachtsangehörigen an Zivilisten
- Überwachung des Reiseverkehrs von Soldaten
- umfangreiche Verkehrsaufgaben (Leiten, Lenken, Überwachen)

Für die Dienstausführung waren die Feldgendarmen mit Sondervollmachten ausgestattet.

- alle Wehrmachtsangehörige mussten sich auf Verlangen ausweisen (auch Offizier oder ranghöhere Kontrollierte)
- Durchsuchungsrecht für Personen, Sachen und Räume
- Festnahmerecht für Mannschaften und Unteroffiziere
⟹ Offiziere durften festgenommen werden, wenn sie bei einem Vergehen auf frischer Tat angetroffen wurden
- in ausgewiesenen Fällen: Schusswaffengebrauch

Für die Feldgendarmen galt die Feldgendarmen-Dienstvorschrift (F.Gend.V): H.Dv. 275, M.Dv. Nr. 253, L.Dv 2801 *(Oberkommando der Wehrmacht, genehmigt von GFM Keitel)* vom 29.07.1940.

Dienstgrade der Wehrmacht:

Mannschaften und Unteroffiziere

Schütze
Oberschütze
Gefreiter
Obergefreiter
Unteroffizier
Unterfeldwebel
Feldwebel
Oberfeldwebel
Hauptfeldwebel (Spieß) Stabsfeldwebel = kein eigentlicher Dienstrang sondern eine Dienststellung

Offiziere

Leutnant
Oberleutnant
Hauptmann
Major
Oberstleutnant
Oberst
-
Generalmajor
Generalleutnant
General
Generaloberst

Offiziersanwärter *(OA = Offiziersanwärter)*

Fahnenjunker (Unteroffizier) OA
Fähnrich OA
Fahnenjunker (Feldwebel) OA
Oberfähnrich OA

Das Scharfschützenwesen der Wehrmacht in Stichpunkten:

Sowjetunion, bei Woronesch - zwei Soldaten in Stellung, Soldat mit Gewehr und Zielfernrohr im Anschlag und Soldat mit Fernglas beobachtend; PK 694
Bundesarchiv, Signatur: Bild 101I-216-0417-19, Foto: Dieck,

Das Scharfschützenwesen wurde von der Wehrmacht bis zum Angriff auf die Sowjetunion sehr vernachlässigt. Erst als man im Rußlandkrieg mit den abfällig als „Heckenschützen" oder „Baumschützen" bezeichneten russischen Scharfschützen konfrontiert war, besann man sich auf die alten Zielfernrohrgewehre der Reichswehr.

22

Anfängliche Einweisungen von Freiwilligen erfolgte lediglich auf Verbandsebene (Regiment, Bataillon, Kompanie). Parallel ging man daran erste Lehrgänge zu bilden. Lehrgangsschulen wurden an diversen Truppenübungsgeländen (z.B. Seetaleralpe, Zossen) eingerichtet, Ausbildungspläne für Schießlehrer- und zur Scharfschützenausbildung erstellt.

Von den Anwärtern wurde viel erwartet. Neben exzellenten Schießfertigkeiten verlangte man schnelles Reaktions- und hohes Konzentrationsvermögen, sowie vortreffliche Fähigkeiten im Tarnverhalten und in der Anwendung verschiedener Taktiken.

Gerade in der Anfangszeit erfolgte der Einsatz von Scharfschützen vermehrt z. b. V. auf Kompanie- oder Bataillonsebene. Die Männer waren normal in ihre Gruppen eingegliedert, jedoch mit Zielfernrohrgewehren ausgestattet und wurden bei Bedarf für Sonderaufgaben herangezogen.

Mit der Zeit wurde der Führung der Wehrmachtstruppen (analog auch der Waffen-SS) bewusst, welche enorme Wirkung der Scharfschützeneinsatz hatte. Wenige Schützen konnten einen gegnerischen Angriff zum Stocken bringen, Rückzüge abdecken, eigene Stoßtrupps begleiten, oder auch feindliche Stoßtrupps zur Rückkehr zwingen.

Die eingeführten Scharfschützenlehrgänge dauerten zwischen drei und sechs Wochen.

Gelehrt wurde i.d.R.:

- Gebrauch des Zielfernrohrs (ZF), Zielen und Zielfehler
- Aufbau und Wirkungsweise des ZF
- Feststellung von Mängeln
- Justieren von ZF
- Waffen- und Zielfernrohrpflege

- Schießlehre, insbesondere: Anschlagsarten, Zielerkennung, Entfernungsschätzen, Witterungs-, Beleuchtungs- und Temperatureinflüsse auf den Haltepunkt
- taktischer Unterricht, insbesondere: Gefechtsanschläge, Geländeausnutzung, Tarnung und Täuschung, Zusammenarbeit mit einem Beobachter, Waldkampf, Geländekampf und Häuserkampf, Stellungsbau, Pirsch- und Schleichübungen
- Lehrfilme rundeten die Ausbildung ab

Erfolgreiche Lehrgangsteilnehmer erhielten eine Urkunde, die sie als Scharfschützen auswies. Die während der Ausbildung ausgegebenen Waffen mit ZF verblieben bei den (bestandenen) Schützen und gehörten ab diesem Zeitpunkt zu deren persönlicher Ausrüstung.

Ausrüstung der Scharfschützen (zusätzlich zur Standardausrüstung):

- Gewehr mit ZF
- Munition
- Behälter für das ZF
- Werkzeug und Pflegeutensilien für das ZF
- Reinigungsgerät für die Waffe
- Fernglas mit Behelfsblenden
- Kampfmesser
- Kompass
- Deckungsspiegel
- Tarnhelmüberzug
- Tarnschlupfjacke (Scharfschützenjacke)
- Tarn-Zeltbahn
- Tarnnetz mit Mückenschleier
- Tarnmaske

- Schnur (Bindfaden) und Nägel für die Tarnung
- Gabel (gepolsterte Astgabel) als Gewehrauflage
- wetterbedingt Wintertarnzeug

Die gängigste Waffe der deutschen Scharfschützen war der Karabiner 98 k. Er wurde auch dem späteren Gewehr 43 aufgrund der höheren effektiven Reichweite und besseren Präzision vorgezogen. Als ZF wurden verschiedene Modelle ausgegeben, die sich in Montage, Vergrößerung oder Lichtstärke unterschieden. Je nach Verfügbarkeit wurden die Zielfernrohre (z.B. ZF 39, ZF 41, ZF 4) von den Schützen nach deren Bedürfnissen und Vorlieben ausgewählt.

Die Scharfschützenausführung des russischen Mosin Nagant, ein robuster und zuverlässiger 5-schüssiger Repetier-Karabiner, war eine beliebte Beutewaffe der deutschen Scharfschützen.

Erfolgreiche deutsche Scharfschützen im Zweiten Weltkrieg:

- *Gefreiter Matthäus Hetzenauer*, 7. Gebirgs-Jäger-Regiment 144, 3. Gebirgs-Division, 345 Abschüsse
- *Obergefreiter Josef Allerberger*, 8. Gebirgs-Jäger-Regiment 144, 3. Gebirgs-Division, 257 Abschüsse
- *Obergefreiter Georg Burdinski*, 5. Grenadier-Regiment 689, 246. Infanterie-Division, 246 Abschüsse
- *Oberjäger Friedrich Pein*, 2. Jäger-Regiment 227, 100. Jäger-Division, 200 Abschüsse

Die Abschüsse der Scharfschützen wurden nur gezählt, wenn diese auch durch Zeugen (im besten Fall durch Vorgesetzte) bestätigt wurden.

Scharfschützenabzeichen:

Das am 8. August 1944 von Adolf Hitler gestiftete Scharfschützenabzeichen wurde in drei Stufen verliehen.

- Stufe 1 = 20 Abschüsse
- Stufe 2 = 40 Abschüsse
- Stufe 3 = 60 Abschüsse

Es war untersagt Abschüsse die im Nahkampf erfolgten mitzurechnen. Der Feind durfte zudem weder die Absicht gezeigt haben überzulaufen oder sich gefangen nehmen zu lassen.
Alle Abschüsse mussten bestätigt werden.

Das Abzeichen ist aus grünlich-grauem Stoff gefertigt, mehrfach bestickt und oval. Es zeigt einen nach rechts gewendeten schwarzen Adlerkopf mit weißem Gefieder, ockerfarbenen Auge und geschlossenen Schnabel. Der Korpus ist durch ein Eichenlaubbruch aus drei Blättern und einer links angeordneten Eichel verdeckt. Die Kanten des Abzeichens sind vernäht. Die einzelnen Stufen kann man anhand der umlaufend angenähten Kordel in Silber für Stufe 2 oder Gold für Stufe 3 unterscheiden.

Scharfschützen waren beim jeweiligen Gegner gehasst und gefürchtet. Es kam an allen Fronten vor, dass Scharfschützen, die in Gefangenschaft gerieten, zu Tode gefoltert wurden. Aus diesem Grund verzichteten sie zumeist auf das Tragen der Scharfschützenabzeichen.

Roman

Am Vorabend der Großoffensive auf Woronesch wurden Spähtrupps durch die Trümmer der zerstörten Stadt gesandt. Einer dieser Spähtrupps kehrte nicht planmäßig zurück. Ein Scharfschütze begleitete die Landser. Der Romanteil berichtet vom Schicksal dieser Männer.

Bis auf historische Persönlichkeiten, sind alle Namen frei erfunden. Jegliche Ähnlichkeiten mit realen Personen wären rein zufällig.

Scharfschützeneinsatz in Woronesch

Es war wieder soweit. Der Befehl zum Absitzen war gegeben. Das letzte Stück musste im Fußmarsch bewältigt werden. Schweigend nahmen die Landser Aufstellung. Für einige würde es der letzte Marsch werden. Noch trugen sie ihre Käppis. Bald würden diese den Stahlhelmen weichen. Es ging wieder los. Sie mussten an die Front.

Im Morgengrauen näherte sich die Vorhut der 3. Infanterie-Division dem Tim. Der Fluss zog sich gemächlich an der Ortschaft N. Alexejewskoje entlang und musste überquert werden. Aufklärer hatten berichtet, dass sich hier in N. Alexejewskoje die Rote Armee eingenistet hatte. Das war ein erstes Hindernis auf dem Weg zum eigentlichen Ziel der Division - die Industriestadt Woronesch.

Dunkle Schatten glitten am Ufer entlang. Maschinengewehre und Granatwerfer wurden in Stellung gebracht. Ein Stoßtrupp hatte bereits die Brücke erreicht und Rotarmisten, die Wache hielten, lautlos überwältigt. In Bataillonsstärke lagen die Soldaten des 8. Regiments in ihren Ausgangsstellungen. Sie warteten angespannt auf das Kommando zum Angriff.

Pioniere mit Schlauchbooten saßen geduckt am Flussufer. Sie mussten die Infanteristen schnell übersetzen. Die leichte Artillerie war bereit Feuerschutz zu geben.

Die Sommeroffensive an der Ostfront war bislang äußerst erfolgreich verlaufen. Stalins Truppen zogen sich so schnell zurück, dass die Landser oft tagelang marschieren mussten, um auf den Feind zu stoßen. Hier schien es plötzlich anders zu sein. Starke Verbände stellten sich den Landsern entgegen. Es wurde sogar gemunkelt, dass

Woronesch, das eigentliche Ziel des Regiments, zur Festung ausgebaut wurde.

„Nur keine unnötigen Gedanken verschwenden, erst dieses Kaff, dann Woronesch", murmelte Unteroffizier Weidner unverständlich vor sich hin und umklammerte seine Maschinenpistole so fest, dass die Fingerknöchel weiß unter der Haut hervorschimmerten. Er hasste das Warten auf das Angriffssignal. Es war eine nervenzerfetzende Angelegenheit in den Ausgangsstellungen zu liegen und einen Moment herbeizusehnen, der den eigenen Tod bringen konnte. Zum x-ten Mal kontrollierte der Unteroffizier seine Waffen. Steckten die Handgranaten fest im Koppel? Hatte er die MP durchgeladen? Wurde genügend Reservemunition mitgeführt? Sind die Kameraden gefestigt, oder drehte einer von den Neuen durch?

Weidner sah sich um. Seine Gruppe lag um ihn herum in Stellung. Seit der Auffrischung im Raum Orscha, waren sie fast wieder komplett. Er und neun Mann. Für die im Winter gefallenen Kameraden waren drei Neue gekommen. Allesamt junge Burschen von gerade mal 18 oder 19 Jahren. Weidner war trotzdem zufrieden, denn seine Männer waren keine Hitzköpfe. Im Gegenteil! Sie passten sich an und versuchten von den Alten etwas zu lernen. Soweit es machbar war bekam jeder der Neuen einen altgedienten Landser zur Seite gestellt. Mehr Hilfestellung ging nicht. Weidner ging im Stillen seine Gruppe Mann für Mann durch und blieb gedanklich bei einem Landser hängen, den er sehr schätzte. Erwin Stahl. Der Gefreite stand der Gruppe allerdings immer weniger zur Verfügung. Andauernd wurde er von Hauptmann Lottner zum Kompaniegefechtsstand gerufen und mit Sonderaufträgen losgeschickt. Stahl war seit kurzem Scharfschütze und somit z.b.V. eingeteilt.

Alles begann, als ein russischer Scharfschütze an einem Winternachmittag zwei Mann aus Weidners Gruppe, sowie vier Landser aus den Nachbargruppen tötete. Eines der Opfer war Stahls Schulfreund. Nach diesem Erlebnis saß die Angst im Nacken des jungen Soldaten. Er musste etwas ändern, sonst wäre er durchgedreht. Also beschloss Stahl selbst Scharfschütze zu werden. Er ging zum Waffenunteroffizier und erkundigte sich nach einem Scharfschützengewehr. Stolz war er Stunden später zur Gruppe zurückgekehrt, zeigte sein neues Gewehr und erzählte, wie leicht es war, an die Flinte zu kommen.

„Junge, für wat willste denn ne Scharfschützenflinte?", hatte der Waffenunteroffizier fast gelangweilt nachgehakt, als der junge Gefreite vor ihm stand und nach einem Gewehr mit Zielfernrohr fragte.

Den hart gesprochenen Dialekt konnte Stahl nicht einordnen. Es war eine Mischung aus berlinerisch und schlesisch. Der Gefreite musste sich ein wenig konzentrieren, um den Waffenunteroffizier verstehen zu können. „Ich möchte Scharfschütze werden", kam Stahls prompte Antwort.

„Ne feige Heckenschütze? Dat iss doch keen Leben!"

„Hier hinten bist du vor den russischen Scharfschützen sicher, aber bei uns an vorderster Front, sieht es anders aus. Gestern hat einer von den Iwans sechs unserer Kameraden erschossen. Weißt du wie das ist, wenn man nicht mehr austreten gehen kann, ohne Angst haben zu müssen, dass dich der Blitz beim sch…", Stahl konnte den Satz nicht beenden. Er wurde jäh unterbrochen.

„Haben Sie ein Scharfschützengewehr in Ihrem Bestand?", drang die befehlsgewohnte Stimme von Hauptmann Lottner über die Schulter des Gefreiten hinweg.

Stahl erkannte die Stimme seines Vorgesetzten sofort, drehte sich um und wollte salutieren. Der Kompanieführer winkte ab. Seine Augen durchdrangen den Landser und klebten förmlich am Waffenunteroffizier. Dieser zuckte leicht erschrocken zusammen. Er hatte den Offizier zuvor nicht bemerkt, stieß die Stiefelabsätze aneinander und presste ein: „Jawoll, Herr Hauptmann, da ham wa ne feine Stück. Direkt von die Russen, nebst Beutemunition."

Der Unteroffizier kramte aus einer Kiste ein russisches Mehrlade-Scharfschützengewehr Modell 1891/30 mit Zielfernrohr PE heraus und legte es vor sich auf den Holztisch. Fast ehrfürchtig strich er über Kolben und Lauf. „Das Zielfernrohr hat ´ne Vierfach-Vergrößerung und geht bis 1400 Meter. Die Waffe selbst kannste von 100 Meter bis 1000 Meter Distanz verwenden., wobei ich die Erfahrung gemacht habe, dat präzise Schüsse bis um die 600 Meter abgegeben werden können. Das System Mosin, wie die Knarre ooch genannt wird, schießt immer und überall. Hier gibt's keen wetterbedingtes aussetzen! Die Flinten schießen bei Minus 50 Grad genauso, wie bei 45 Grad Hitze im Schatten", erklärte er fast ein wenig neidisch. „Munition habe ich auch, aber du solltest immer wieder beim Russen organisieren, wennste weißt, was ich meine", grinste der Waffenunteroffizier den Gefreiten und packte vier Patronenschachteln auf den Tisch. „Ist

Kaliber 7,62 mm. Passt also nicht in unser K 98. In der hier …",
deutete er mit dem Zeigefinger auf eine der Schachteln, „… sind
Explosivgeschosse. Wennste dem Iwan eine auf die Zwölf verpasst,
hatta keen Kopf mehr."

„Nehmen Sie die Waffe und kommen Sie mit, ich möchte mich
ein bisschen mit Ihnen unterhalten. Außerdem möchte ich sehen, wie
Sie mit der Waffe umgehen können", befahl der Kompanieführer.
Ausgerüstet mit einer Zielscheibe und ein paar leeren Munitionskisten,
gingen sie nach hinten weg. Der Hauptmann führte Stahl schnurstracks
zu seinem Kübelwagen. Der neben dem Militärfahrzeug stehende
Fahrer schnippte eine Zigarette weg und stieg ein.

„Fahren Sie uns zu einem freien Feld. Wir müssen eine Waffe
ausprobieren", ordnete der Offizier an.

Der Landser schwang sich hinter das Lenkrad, nickte und
startete den Motor.

Im Hinterland baute Stahl schließlich seine Zielscheiben auf.
Der Gefreite wusste, dass er ein guter Schütze war. In der Heimat ging
er schon seit frühester Jugend mit seinem Vater zur Jagd und lernte von
Kindesbeinen an mit Schusswaffen umzugehen. Das Gefühl für Waffe
und Ziel waren ihm sozusagen in die Wiege gelegt worden.

Erwin Stahl lud das Gewehr und legte für den ersten Schuss
sicherheitshalber auf. Er visierte das Ziel über Kimme und Korn an.
Einatmen, Luft anhalten, Druckpunkt überwinden. Schuss. Treffer.

„Guter Schuss!", gratulierte Hauptmann Lottner, der neben
dem jungen Landser stand und sich mit dem Fernglas das Trefferbild
betrachtete. Nach weiteren fünf Schüssen hatte der versierte Schütze
das Scharfschützengewehr exakt auf 100 Meter eingestellt. Er war hoch
zufrieden. „Ein erstklassiges Gewehr, Herr Hauptmann. Ich musste so
gut wie nichts verstellen."

„Wie heißen Sie?", wurde der Schütze erst jetzt gefragt.

„Gefreiter Erwin Stahl."

„Sie haben eine Vorstellung davon, was Sie als Scharfschütze
erwartet, Gefreiter?"

Sowjetunion, bei Woronesch - zwei Soldaten in Stellung, Soldat mit Gewehr und Zielfernrohr im Anschlag und Soldat mit Fernglas beobachtend; PK 694
Bundesarchiv, Signatur: Bild 101I-216-0417-19, *Foto: Dieck,*

Stahl grübelte nur kurz, bevor er ein entschlossenes: „Ja, das weiß ich!", über seine Lippen kam. Die Nacht zuvor war er wach gelegen. Er sah immer wieder das gleiche Schreckensbild vor sich. Er und sein Schulkamerad Erich Ratzke gingen nebeneinander. Sie waren gut gelaunt und scherzten. Ratzke hatte gerade einen Witz erzählt, als plötzlich ein Schuss die Stille zerriss. Erichs Gehirn spritzte über Stahls Uniform. Er saß stundenlang neben seinem Schulfreund. Dieses Erlebnis verfolgte ihn Tag für Tag. „Dort drüben sitzt ein Russe, mit dem habe ich noch eine Rechnung zu begleichen", antwortete Stahl dem Offizier.

„Scharfschützen genießen keinen guten Ruf. Sie sind auf sich allein gestellt, und zudem sehr oft weit vor den eigenen Truppen eingesetzt. Wenn der Feind einen Scharfschützen habhaft wird und ihn als solchen identifiziert, gibt es kein Erbarmen", warnte der Offizier eindringlich.

„Das ist mir klar, Herr Hauptmann, aber meine Entscheidung steht fest!"

Der Kompanieführer setzte einen nachdenklichen Blick auf. Er musterte den jungen Soldaten von oben bis unten. „Wir haben in unserem Regiment keine offizielle Scharfschützengruppe, aber fast jeder Kompanieführer, zumindest jeder Bataillonsführer, hat ein, zwei oder sogar mehrere Soldaten z.b.V. eingeteilt. In der Regel sind das unsere inoffiziellen Scharfschützen. Ich würde es Ihnen ermöglichen und hoch anrechnen, wenn sie den russischen Scharfschützen ausschalten. Es sind nicht nur die von Ihnen erwähnten sechs Kameraden, die er auf dem Gewissen hat. Ich habe zwischenzeitlich elf Männer verloren." Hauptmann Lottner senkte für einen kurzen Moment seinen Blick und atmete kräftig durch. Dann sah er den erstklassigen Gewehrschützen wieder an. „Besorgen Sie sich, was sie benötigen. Wenn es Schwierigkeiten geben sollte, melden Sie es sofort mir persönlich. In der Zeit, in der Sie nicht als Scharfschütze eingesetzt sind, verrichten Sie Dienst in Ihrer Gruppe. Einen speziellen Lehrgang kann ich Ihnen vorerst nicht anbieten."

„Verstanden, Herr Hauptmann."

Weidner sah sich um. Stahl lag direkt hinter ihm. Ein beruhigendes Gefühl, denn seit einem halbem Jahr war Stahls Name in aller Munde. Der Unteroffizier erinnerte sich. *Der Kerl hatte mehr Glück als Verstand*, schoss es ihm durch den Kopf.

Um den russischen Scharfschützen ausfindig zu machen, ging der eigentlich unerfahrene Scharfschütze in die vordersten Gräben und erkundigte sich nach dem Rotarmisten, der täglich seine Opfer suchte. Bald war klar, dass sich der feindliche Elitesoldat auf einer Frontlänge von zwei Kilometern bewegte. Stahl erkundete das Gelände und bereits am zweiten Tag seiner inoffiziellen Scharfschützenkarriere lag er etwa einhundert Meter vor den eigenen Linien im Niemandsland. Stahl war nachts raus und hatte sich unsichtbar gemacht. Jeder Landser, der wusste, dass der deutsche Scharfschütze dort draußen lag, suchte das Gelände ergebnislos mit dem Feldstecher ab. Die Tarnung war perfekt.

Den ganzen Vormittag verharrte der junge Landser regungslos in seinem Versteck. Erst als die Wintersonne in seinem Rücken stand, blickte er immer wieder nervös auf seine Armbanduhr. Unaufhaltsam rückten die Zeiger vor, bis endlich die vereinbarte Uhrzeit angezeigt wurde. Im Graben hinter ihm regte sich etwas. Stahls Kameraden hatten zwei Strohpuppen gebastelt, in Uniformen gesteckt und ihnen Helme aufgesetzt. Pünktlich hob sich die erste Puppe ein Stück weit aus dem Graben. Ein Schuss krachte, die Puppe flog nach hinten. Stahl suchte verzweifelt die Gegend ab, doch er konnte das Versteck seines Gegenübers nicht ausfindig machen. Die zweite Puppe wurde nachgeschoben. Es musste für den Russen den Anschein haben, dass sich zwei unerfahrene Landser im Graben befanden. Wieder peitschte ein Schuss. Diesmal schlug das Projektil der zweiten Strohpuppe den Helm vom Kopf. Stahls Plan ging auf. Er hatte gesehen, woher der Schuss kam. Es war nur eine minimale Erhebung im Schneegelände, ein kleines Widerspiegeln von Sonnenlicht in der Zieloptik, doch das reichte aus. Stahl wusste, wo sich der russische Schütze befand. Der Landser visierte sein Ziel an. Bereits für seinen ersten Schuss als Scharfschütze hatte ein Explosivgeschoß geladen. Er wollte unter allen Umständen einen Treffer erzielen. Der Landser erspähte den Feind in der Optik. *Warum verlässt er sein Versteck nicht,* kroch es dem jungen Gefreiten fragend durch den Kopf. Die Hände des Soldaten begannen feucht zu werden. Sein Puls raste, das Herz klopfte wild. Gewissensbisse kamen auf. *Ruhig bleiben. Es ist Krieg. Dieser Russe hat elf meiner Kameraden auf dem Gewissen, Erich mit eingerechnet.* Der donnernde Herzschlag beruhigte sich langsam. Das Ziel war immer noch in der Optik zu erkennen. *Für Erich und die anderen,* kreiste es in den Gedanken des deutschen Scharfschützen und Stahl überwand mit dem rechten Zeigefinger den Druckpunkt. Der Schuss löste sich krachend, der Gewehrkolben drückte gegen die Schulter. Für den Bruchteil einer Sekunde war Stahl bewegungsunfähig. Der Gefreite sah das kurze Aufbäumen eines Körpers, es sah aus, als ob sich eine Robbe im Eis wälzte. Danach war alles ruhig. Durch das Zielfernrohr glaubte er Blutspritzer im Schnee zu erkennen. Er hatte ihn erwischt. Sämtliche Gewissenskonflikte waren augenblicklich beiseite geschoben. *Nur nicht an den Menschen denken. Ich habe keinen Menschen getötet, sondern einen Feind.*

Es war Krieg und jeder Schuss diente zum Schutz des eigenen Lebens. So jedenfalls begründete der Gefreite Erwin Stahl sein Handeln. Instinktiv blieb der deutsche Scharfschütze noch bis Einbruch der Dunkelheit in seinem Versteck. Gegen die Kälte hatte er vorgesorgt. Stahl lag auf zwei zusammengenähten Schaffellen, die ihn gegen den Bodenfrost schützten. Als er wieder in den eigenen Reihen ankam, wurde der Landser mit Schulterklopfen begrüßt.

„Gratuliere!"

„Du hast die Sau erwischt!"

„Kamerad, du hast unser Leben gerettet."

Noch in der gleichen Nacht wagte sich ein Stoßtrupp aus dem Graben und bestätigte den Treffer. Sie brachten sowohl das Gewehr, als auch die Munition des getöteten Rotarmisten mit. Die Waffe landete beim Waffenunteroffizier, die Munition sackte Stahl ein.

Am nächsten Morgen gratulierte Hauptmann Lottner zu dem Erfolg. Stahl begann sein Leben als Scharfschütze z.b.V. und legte sich eigene Konzepte zurecht, was Tarnung und Stellungssuche betrafen. Nach jedem Schuss wollte er das eiserne Gesetz der Scharfschützen einhalten und den Standort wechseln. Hierzu musste er geschützt von einer Stellung zu nächsten gelangen. Der Gefreite fing an zu taktieren. Er besorgte sich für den Nahkampf eine Pistole 08 sowie eine MP 40 für Angriffs- und Verteidigungsfälle. Er verzichtete auch auf einen Beobachter. Stahl wollte allein arbeiten. Zwei Monate später wurde Stahl auf einen dreiwöchigen Scharfschützenlehrgang geschickt.

Eine Woche nach seiner Rückkehr, verzeichnete der Gefreite Stahl bereits sechs Abschüsse. Jeder Abschuss musste von einen Unteroffizier oder einem Offizier bestätigt werden. Sowohl der Schütze selbst, als auch die Landser in der Schreibstube der Kompanie, waren angehalten Buch zu führen. Treffer, die während einer Verteidigung oder eines Angriffs erzielt wurden, zählten jedoch nicht zu den Abschüssen der Scharfschützen.

Zu den Aufgaben von Stahl gehörte es, feindliche Scharfschützen auszumachen und sie zu eliminieren, Stoßtrupps als Sicherer zu begleiten, oder taktische Ziele des Feindes auszuschalten, wie z.B. den führenden Offizier eines gegnerischen Stoßtrupps.

Was Stahl am besten gefiel, war, dass ihn seine neue Aufgabe irgendwie an die Heimat erinnerte. Er streifte einsam durch das Land und suchte seine Beute. Er war der Jäger und nicht der Gejagte. Der Gefreite hatte weniger Angst getötet zu werden, als im Schützengraben, obwohl seine Aufgabe als Scharfschütze alles andere als ungefährlich war. Fast täglich erzielte er Treffer. Mit jedem Schuss wuchs auch die Erfahrung. Stahl wurde von Einsatz zu Einsatz besser. Innerlich stumpfte er ab. Es war Krieg und jeden Iwan, den er nicht tötete, legte auf ihn oder seine Kameraden an. Er erschoss keine Menschen, er tötete Feinde, so jedenfalls beruhigte Stahl sein Gewissen.

Es ging los. Granaten heulten dem Feind entgegen. Die Pioniere ließen die Schlauchboote ins Wasser und winkten die ersten Infanteristen zu sich. Weidners Gruppe gehörte zur zweiten Welle. Noch hatte der Iwan das Übersetzen über den Fluss nicht bemerkt. Nur eine Frage der Zeit. *Hoffentlich haben die Rotarmisten keine schweren Waffen auf den Tim gerichtet*, waren Weidners weitere Gedanken.

Nebelwerfer beharkten das gegenüber liegende Ufer. Graue

Wolkenfetzen breiteten sich aus und boten Sichtschutz.

Die erste Welle hatte das andere Flussufer erreicht. Eilig ruderten die Pioniere zurück und nahmen Weidner und die anderen auf. Mit gemischten Gefühlen stieg der Unteroffizier ins Boot. Das Abwehrfeuer der Russen hatte längst eingesetzt. Weidner sah, wie die eigenen Sturmgeschütze über die Brücke rollten. Infanteristen waren zum Teil aufgesessen, zum Teil folgten sie im Laufschritt.

Tödliches Sperrfeuer! Projektile klatschten ins Wasser und warfen kleine Fontänen nach oben. Unteroffizier Weidner nahm seine MP in Anschlag und jagte eine Salve auf die andere Uferseite. Er zielte hoch, wollte nicht die erste Welle gefährden. Das Schießen beruhigte seine Nerven, sonst nichts. Die Salve hatte keine Trefferwirkung beim Feind. Die bereits übergesetzten Landser stürmen die Uferböschung nach oben. Der Kampflärm wurde lauter, der schützende Nebel am Ufer des Tim dichter.

„Paddelt schneller!", trieb ein Pionier seine Kameraden an.

Im Nachbarboot fiel ein Landser getroffen ins Wasser. Jemand versuchte ihm noch ein rettendes Ruder hinzuhalten, doch der Körper ging kraftlos unter. Eine MG-Garbe strich knapp über das Boot von Weidner. Der Gruppenführer glaubte die Einschläge im Wasser zu hören, doch das Platschen kam von den hastig ausgeführten Ruderschlägen der Pioniere. Endlich erreichten sie die ersten Schwaden des künstlichen Nebels. Sichtschutz! Stilles Aufatmen! Ladnung.

„Raus! Sammeln! Wir stürmen dort rauf!", brüllte Weidner und rannte los, während die Pioniere wieder ablegten, um ein drittes Mal ihre Kameraden von der Infanterie überzusetzen.

„Ziehen Sie das Feuer um fünfzig nach hinten und dreißig weiter rechts!", plärrte Hauptmann Lottner ins Funkgerät seines Nachrichtenmannes.

Die kratzende Antwortstimme war kaum verständlich. Lottner sah den Funker an. „Die russischen Stellungen sind gut geschützt, wir müssen den Iwan mit Hilfe der Werfer dort raushauen. Sobald die Granaten eingeschlagen sind, geben Sie sofortige Feuerpause durch. Erst wenn die Feuerpause bestätigt wird, greifen wir an!"

Der Nachrichter nickte. Weidner, der neben Lottner auf der Erde lag, gab ebenfalls durch ein Zeichen zu erkennen, dass er den Befehl verstanden hatte. Gespannt warteten sie auf die nächste Salve der Werfereinheit. Ein russisches Maschinengewehr ratterte los und zwang die Soldaten zusätzlich in Deckung zu bleiben. Dann rumste es.

Wumm wumm!

Zig Granaten schlugen ein. Anders, als bei Artilleriegeschossen, hörte man bei den Werfern lediglich den Abschussknall, aber nicht ein Heranheulen der tödlichen Granaten, was oftmals für verheerende Wirkung beim Gegner sorgte. Die beschossenen Soldaten konnten sich weder Deckung suchen, noch die Flugrichtung der Granaten bestimmen. Eine eingespielte Werfergruppe hatte pro Minute 6 bis 7 Granaten in der Luft, wobei jede Sprnengeschoss einen Splitterwirkungskreis von 30 Metern hatte.

Wumm, wumm, wumm!

Es donnerte mehrmals beim Feind. Das russische Maschinengewehr verstummte. Lottner wagte einen Blick über die Böschung und erkannte, dass die Treffer sehr gut lagen. „Feuerpause für die Werfer!", gab er an seinen Nachrichter weiter, der sofort Funkverbindung aufnahm.

„Sie haben bestätigt, Herr Hauptmann!", teilte er nach kurzer Zeit mit.

„Angriiifff!", brüllte der Offizier, sprang auf und stürmte mit seiner Kompanie dem Feind entgegen. Maschinengewehre ratterten. Handgranaten detonierten. Meter für Meter wurde zurückgelegt. Sie näherten sich unweigerlich den russischen Stellungen. In Erwartung von heftigem Abwehrfeuer pochte Weidners Herz wild. Adrenalin raste durch die Adern. Er ließ die MP los, die nun am Trageriemen in Hüfthöhe baumelte, und zog eine Stielhandgranate aus seinem Koppel. Geschickt schraubte der Unteroffizier im Laufen die Sicherungskappe ab, zog die Zündschnur und schleuderte die Handgranate nach vorn.

Gleichzeitig warf er sich auf den Boden und wartete die Detonation ab. Als diese erfolgt war, sprang er wieder auf und überwand die ersten Sandsackbarrieren. Ein blutender Rotarmist versuchte verzweifelt seinen Karabiner durchzuladen. Der Lauf zeigte auf Weidner. Noch bevor der Repetiervorgang beendet war, zog der Unteroffizier den Finger am Abzug seiner MP durch und jagte dem Russen eine Salve in die Brust. Der Soldat in erdbrauner Uniform kippte tödlich getroffen nach hinten nach hinten und blieb verrenkt liegen.

Privatarchiv des Autors, Foto: schweres Maschinengewehr (MG auf Lafette)

Immer mehr Landser drangen in die russische Stellung ein. Aus Richtung von Brücke und Straße, waren die Motoren der Sturmgeschütze deutlich zu hören. Maschinengewehre ratterten an allen Ecken von N. Alexejewskoje. Die Brückenköpfe am Ufer, sowie an der Brücke über den Tim, vergrößerten sich zusehends. Immer mehr Landser setzten über den Fluss und drangen in die Ortschaft ein.

Stahl befand sich dicht hinter Unteroffizier Weidner. Zwischenzeitlich baumelte die Maschinenpistole des Scharfschützen an seinem Rücken. In der Hand hielt er sein russisches Mosin. Schnell suchte der Gefreite sein Ziel, drückte ab und wanderte zum Nächsten. Innerhalb kürzester Zeit erzielte er acht Treffer. Der überrumpelte Feind wich nach hinten aus. Nachdem die Rotarmisten bemerkten, dass sich zwischen den Reihen der Angreifer auch ein Scharfschütze befand, dem ihre Kameraden reihenweise zum Opfer fielen, brach Panik aus. Der anfangs geordnete Rückzug wurde immer hektischer durchgeführt. Hals über Kopf flüchteten die russischen Soldaten. Ein Offizier, der wild gestikulierend seine Faustfeuerwaffe auf die eigenen Männer richtete, befand sich bereits im Visier des Scharfschützen Stahl. Der

Zielstachel in der Optik wanderte zwischen Kopf und Rumpf hin und her. Schließlich entschied sich Stahl für einen Bauchschuss. Das schmerzhafte Brüllen des Verwundeten sorgte beim Feind zusätzlich für psychischen Stress und würde den Verteidigern den letzten Nerv rauben. Er hielt kurz die Luft an, krümmte den rechten Zeigefinger und sah mit dem Knall seines Gewehrs den russischen Offizier fallen. Der Scharfschütze sollte recht behalten. Das schauerliche Geschrei des tödlich Verwundeten fuhr den übrigen Rotarmisten durch Mark und Bein. Während eine Hälfte ihre Waffen wegwarfen und weiße Tücher schwenkten, rannte die andere Hälfte davon. Der Widerstand war gebrochen. Unteroffizier Weidner blickte in Stahls Augen. Er wusste, wie wichtig dieser Mann für die Gruppe war. Ein guter Scharfschütze hatte schon so manchen Kampf entschieden.

„Ein guter Schuss, Erwin", sagte er zu dem Gefreiten, erhielt jedoch keine Antwort. Stahl saß nachdenklich da und lud nach. Das Schreien des russischen Offiziers verstummte.

„Wir müssen nachsetzen", sagte Stahl schließlich, stand auf und marschierte los. Sie kamen zu dem toten Offizier. Stahl würdigte ihn nur eines kurzen Blickes. Er ging weiter zu einem gefallenen russischen Gewehrschützen und kniete nieder. Während er nach Munition suchte, blickte er immer wieder Unteroffizier Weidner an. „Ich habe Erichs Schwester geschrieben, dass es schnell ging und ihr Bruder als Held fiel."

Weidner stellte fest, dass Stahl immer noch unter dem Verlust seines Freundes litt. „In Ordnung", antwortete er. Gleichzeitig schoss ihm ein Gedanke durch den Kopf. *Hoffentlich zerbricht mir der Kerl nicht daran.*

Lottner ließ zwei Züge nachsetzen, er dritte sollte die Stellung durchkämmen. Während Stahl die gefundene Munition einsteckte, streifte Unteroffizier Weidner mit seinen Männern durch die russischen Stellungen. Minuten später schloss Stahl wieder auf und suchte Weidners Nähe.

„Ich wollte nur, dass du es weißt. Ich habe nie darüber gesprochen. Damit ist die Sache auch endgültig abgeschlossen", erklärte er.

„Es wird der Familie helfen, wenn sie es von dir wissen. Die Todesnachrichten der Kompanieführer sind nicht so taktvoll, wie die von Bekannten."

„Genau das habe ich mir auch gedacht."

Sanitäter versorgten die Verwundeten auf beiden Seiten. Ein paar leicht verletzte Landser blieben als Wachen für gefangene Rotarmisten zurück, während die restliche Kompanie dem Gegner folgte. Gegen Mittag waren die Kämpfe gänzlich eingestellt und die Ortschaft gesichert. Bereits am Nachmittag war der Tross angekommen und es gab warme Verpflegung.

„Sieben Kameraden mussten ihr Leben lassen. Sie werden gerade begraben. Einer der Pioniere hat ihre Namen in die Holzkreuze gebrannt", sagte Weidner mit vollem Mund. Er tunkte sein Kommissbrot in die dicke Erbsensuppe und biss anschließend ein großes Stück ab. „Wir hatten Glück", beendete er seine kurze Bestandsaufnahme.

„Aber nur, weil wir einen Scharfschützen in der Gruppe haben", stellte Obergefreiter Richard Bäumler fest und sah Stahl an. „Die Wirkung eines Scharfschützen darf man nicht verkennen."

„Das stimmt", gab ihm Weidner recht, „denkt nur daran, wie unwohl ihr euch fühlt, wenn ihr in euren Schützenlöchern hockt und drüben beim Iwan Scharfschützen in Stellung gehen. Richtig übel könnte einen da werden."

„Wie geht's eigentlich weiter?" wollte einer der Neuen wissen. Ein junger Kerl aus Braunschweig, der Karl Lützmann hieß.

Unteroffizier Weidner löffelte sein Kochgeschirr aus und schob den restlichen Batzen Erbsensuppe mit Kommissbrot zusammen. „Das Ding ist so sauber, dass man sich direkt den Abwasch sparen kann", lachte er und stopfte sich das erbsengrün schimmernde Brot in den Mund. Immer noch sah ihn der Braunschweiger fragend an. Weidner schraubte seine Feldflasche auf und trank. Er stieß ein kräftiges „Ahh", aus, rülpste leise und schraubte die Feldflasche wieder zu. „Junge, du brauchst dir keine Sorgen zu machen. Mit diesem kleinen Scharmützel hier, ist die große Sommeroffensive noch lange nicht vorbei. Der Alte", so bezeichneten die Landser der 3. Kompanie des I./8 ihren Kompanieführer, Hauptmann Lottner, „wurde schon wieder zum Regimentsgefechtsstand berufen. Die Zugführer sitzen bereits auf Kohlen, und wenn wir so zügig wie heute etwas Warmes zum Mampfen bekommen, kannste einen drauf lassen, dass es genauso zügig weitergeht. Also genieße die Pause und lass mal alles auf dich zukommen!"

Nach und nach waren alle Kochgeschirre geleert.

Gemeinschaftlich ging die Gruppe von Unteroffizier Weidner zum Fluss. Sie spülten die Kochgeschirre aus und ließen sich an Ort und Stelle ins Gras fallen.

Während sich die meisten Soldaten ein Nickerchen in der Sonne gönnten, zerlegte Stahl sein Scharfschützengewehr und reinigte es sorgfältig. Der Braunschweiger setzte sich zu ihm und sah neugierig zu. Nach einer Weile hielt es der junge Landser nicht mehr aus. „Entschuldige die Frage, aber wie lange bist du denn schon Scharfschütze?"

Stahl setzte den Verschluss der Waffe ein. „Ungefähr ein halbes Jahr", antwortete er, wie immer mit absolut ruhiger Stimme. Überhaupt war Stahl seit dem Tod seines besten Freundes ziemlich ruhig geworden. Früher lachte er oft. Jetzt wirkte er ernst und schien um zehn Jahre gealtert zu sein.

„Hast du schon viele Iwans erwischt?"

Stahl setzte das Zielfernrohr auf die Vorrichtung. „Zuwenig, um den Krieg zu beenden, zu viel um sagen zu können, ich gehe nach Hause, kann ruhig schlafen und der Krieg hat nie stattgefunden."

Karl Lützmann verstand sofort. Es war die falsche Frage an den falschen Mann. „Bei der Ausbildung auf dem Truppenübungsplatz war ich immer unter den besten Schützen. Meinst du, ich könnte auch zu den Scharfschützen wechseln?"

„Besser, du lernst erst einmal zu überleben. Wenn du ein alter Hase bist, kannst du immer noch Scharfschütze werden. Du brauchst Erfahrung, sonst bist du in kürzester Zeit tot."

„Ich glaube, dass ich das drauf habe."

„Und ich glaube, dass es dir genauso gehen würde, wie Paul Meggerle vom III. Bataillon", antwortete Stahl, stand auf und ging weg, ohne dem Braunschweiger Lützmann das Schicksal des Kameraden Meggerle zu erzählen.

Der Kübelwagen des Hauptmanns brauste heran. Der Fahrer blieb mitten in der von ihm selbst aufgewirbelten Staubwolke stehen. Lottner sprang auf der Beifahrerseite aus dem Fahrzeug. „Zugführer und Unterführer zu mir", brüllte er.

Als seine Führungskräfte um ihn versammelt waren, breitete der Kompanieführer eine Karte auf der Motorhaube des Kübelwagens aus. Die Staubwolke hatte sich zwischenzeitlich wieder gelegt. „Wir verlegen sofort in Richtung Woronesch. Hierzu schwenken wir nach Süden ein und folgen der Bahnlinie Kursk-Woronesch. Die

41

Industriestadt ist von höchster Wichtigkeit und wird vom Russen mit starken Kräften gehalten. Abrücken in dreißig Minuten!"

Gegen Abend wurde die Bahnlinie erreicht. Gleichzeitig setzte heftiger Regen ein, der die Nebenstraßen schnell in Schlamm verwandelte. Weidner saß auf der Beifahrerseite des Opel Blitz, während die Gruppe auf den Holzpritschen der Ladefläche hockte. Immer stärker prasselte es gegen die Windschutzscheibe. Das monotone Trommeln des Regengusses zerrte an den Nerven des Fahrers. Zusätzlich aufkommender Wind peitschte das Wasser förmlich gegen die Scheibe und verringerte die Sicht erheblich.

„Seit letzten Herbst habe ich eine absolute Abneigung gegen Regen in Rußland", schimpfte der Mann hinterm Steuer, ein älterer Obergefreiter, und schaltete einen Gang runter. Das Getriebe krachte, der Motor heulte auf. „Verdammtes Wetter! Wenn das so weitergeht, kann der Alte vergessen, dass wir noch weiterfahren. Man sieht nichts. Absolut nichts! Wenn der Iwan ein paar Paks neben die Strecke stellt, kann er uns nach Belieben abknallen."

„Ich glaube, der Iwan hat mit anderen Problemen zu kämpfen. Seit Beginn der Offensive jagen wir ihn vor uns her. Die haben nicht damit gerechnet, dass wir nach der Schlappe vor Moskau noch einmal so massiv auftreten. Außerdem regnet es für ihn genauso."

„Papperlapapp! Im Winter haben wir auch gedacht, dass der Russe ebenso friert, wie wir. Und wie war es?", widersprach der Obergefreite und beantwortete seine Frage selbst. „Er rannte in seinen wattierten Jacken und Filzstiefeln über den Schnee, während unsere Nägel in den Knobelbechern das Eis förmlich an die Zehen zog. Zwei Stück habe ich verloren. Der Feldarzt hat sie amputiert." Der Fahrer kramte in der Brusttasche seiner Feldbluse herum und fingerte eine selbst gedrehte Zigarette heraus. Sie war leicht schief und an einem Ende hing etwas grober Tabak heraus. Vorsichtig klopfte der Landser die Zigarette aufs Lenkrad, kontrollierte mit einem schnellen Blick beide Enden und war zufrieden. Er steckte sie in den Mund, griff noch einmal in die Brusttasche, zog ein Sturmfeuerzeug heraus und zündete die Zigarette an. Der Fahrzeugführer sog den Rauch tief in die Lungen und pustete ihn genussvoll wieder aus. Sekundenschnell verteilte sich der Qualm im Führerhaus des Opel Blitz. Weidner musste husten. Er war Nichtraucher.

„Pfui Deibel, was rauchst du da für Pferdemist?", schimpfte er und drehte sein Fenster einen kleinen Spalt herunter. Sofort wehte der Wind Regenwasser herein und der Unteroffizier begann noch mehr zu fluchen. Der rechte Ärmel seiner Feldbluse wurde blitzartig nass. Er rutschte zur Seite und kurbelte die Scheibe wieder ein Stück hoch.

„Jetzt hab´ dich nicht so. Das ist Machorka. Gar nicht so schlecht das Zeug. Früher habe ich Eckstein geraucht, aber seit ich den russischen Tabak entdeckt habe, schmecken mir die Dinger nicht mehr so gut.“

„Paß auf!“, warnte Unteroffizier Weidner.

Der Lastwagen vor ihnen hatte gebremst. Sofort stieg der Fahrer auf das Bremspedal und schaltete herunter. Der Opel Blitz ruckelte, von der Ladefläche wurden Schimpfkanonaden nach vorn gerufen und Weidner war froh, dass der Lastwagen nicht auf den Vordermann auffuhr.

„Da kämpft man sich durch halb Rußland und verliert beinah bei einem Verkehrsunfall sein Leben!“, schnauzte er den Fahrer an.

„Immer mit der Ruhe“, konterte der Obergefreite, „Seid froh, dass wir jetzt ´ne motorisierte Division sind, sonst hättet ihr alles zu Fuß latschen können. Außerdem kann ich versichern, dass ich bisher unfallfrei gefahren bin.“

Die Kolonne hatte angehalten. Der Obergefreite öffnete sein Fenster, schrie zum Vordermann, was denn los sei und wurde binnen Sekunden pitschnass. Sofort kurbelte er die Seitenscheibe wieder nach oben. „Bei dem Wetter geht nichts mehr. Eine Weiterfahrt wäre blanker Wahnsinn!“

Eine Stunde später war es gewiss. Ein Melder ging von Lastwagen zu Lastwagen und teilte mit, dass die Fahrt für die Nacht beendet war.

Als es am nächsten Morgen immer noch wie aus Kübeln schüttete, und die Wettervorhersage für die nächsten zwei Tage keine Besserung in Aussicht stellte, wurde das Regiment in den umliegenden Dörfern untergebracht. Zwangspause!

Unteroffizier Weidner und seine Gruppe lagerten in einer großen Scheune. „Das Ding sieht zwar baufällig aus, aber zu meiner Überraschung sind wir heute trocken geblieben“, lachte Richard Bäumler. „Jemand Lust auf Doppelkopf?“, fragte er in die Runde und hielt ein Päckchen Karten in die Höhe.

Schnell fanden sich Mitspieler und die Landser setzten sich zum Kartenspielen zusammen, während die anderen der Gruppe es vorzogen, sich um ihre Läuseplage zu kümmern.

„Man kann machen, was man will. Eine Woche nach der Entlausung, ist es so, als ob man gar nicht dort war", maulte Fritz Blankensen, ein blonder Hüne aus einem Dorf in Schleswig-Holstein. Er buhlte eine Laus aus seiner Feldbluse und warf sie in eine leere Leberwurstdose, die die Landser mit einem Drahtgestell über einer Kerze befestigt hatten. Die Läuse knackten, wenn sie auf dem fast glühenden Dosenboden aufschlugen.

Lützmann, der junge Braunschweiger, suchte Weidner, der vor dem Scheunentor stand und in den Regen blickte. Als er den Gruppenführer sah, ging er zu ihm hin. „Kann ich mal was fragen?"

„Nur zu, Kamerad. Wo drückt der Schuh?"

„Ich habe mich kürzlich mit Stahl unterhalten und fragte ihn, wie ich am besten zu den Scharfschützen kommen könnte, da hat er ganz komisch geschaut und mir gesagt, dass es mir dann so gehen könnte, wie Paul Meggerle. Anschließend stand er auf und ging weg. Was war denn mit diesem Paul?"

Weidners Blick verfinsterte sich. „Das ist wieder mal typisch für Erwin. Ein Ei legen und nicht ausbrüten." Der Unteroffizier schnaufte kräftig durch und sah den jungen Landser tief in die Augen. „Dann will ich dir mal was erzählen", begann er. „Als Scharfschütze bist du oft 'ne ganz arme Sau, wenn ich das mal so deutlich sagen darf. Paul Meggerle war ein Scharfschütze in einem anderen Bataillon. Wie immer ging er auf Pirsch, wie Erwin zu sagen pflegt. Eigentlich sollte er mit einem unserer Spähtrupps zusammentreffen und den Kameraden Deckung geben. Du musst wissen, dass die Scharfschützen oft Späh- oder Stoßtrupps mit einigem Abstand begleiten und abdecken", fügte Weidner erklärend hinzu. „Meggerle hatte scheinbar einen schlechten Tag erwischt. Beim vereinbarten Treffpunkt hörte er Geräusch und muss wohl nicht auf die Sprache geachtet haben. Er stieß auf einen sowjetischen Spähtrupp und wurde überwältigt. Sie entlarvten ihn als Scharfschützen und haben ihn zu Tode gefoltert. Als ihn unsere Kameraden fanden, hatte er keine Ohren und keine Finger mehr, und was war noch das Harmloseste. Die haben ihm den Lauf seines Gewehres in den Hintern gerammt. Willst du noch mehr hören?"

Lützmann war kreidebleich im Gesicht geworden. „Nein", schüttelte er den Kopf. „Ich werde auf Stahl hören und erst einmal Erfahrungen sammeln, bevor ich noch einmal darüber nachdenke Scharfschütze zu werden."

Nach drei Tagen besserte sich das Wetter. Das Regiment setzte am 02. Juli 1942 seinen Marsch auf Woronesch fort.

Immer wieder überquerten die Flugzeuge der Luftwaffe die Rollbahn. Die Temperatur stieg nach dem Regenwetter wieder an. Die Landser hatten die Plane auf dem Opel Blitz aufgerollt. Bäumler, der einzige Obergefreite in Weidners Gruppe, sah wiederholt in den Himmel. „Immer wenn ich Flugzeugmotoren über mir höre, überkommt mich ein dummes Gefühl", sagte er und stopfte sich etwas Tabak in seine Pfeife. Anschließend klopfte er auf seine Brusttaschen. „Verdammt noch mal, wo habe ich meine Streichhölzer nur wieder hin gesteckt?"

„Hier, nimm meine", bot Lützmann an.

Der Obergefreite nahm dankend die Zündhölzer an und kurz darauf qualmte es sowohl aus dem Pfeifenkopf, als auch aus Bäumlers Mund.

„So lange es die Luftwaffe ist, die über uns hinweg fliegt, ist mir das egal", kommentierte Blankensen. „Ich werde erst nervös, wenn ich den roten Stern an den Rümpfen oder Tragflächen erkenne. Es wäre nicht das erste Mal, dass wir Bekanntschaft mit dem Rollbahn-UvD machen würden."

„Rollbahn-UvD? Was ist denn das?" fragte Lützmann erstaunt nach.

„Das ist ein russischer Jagdflieger. Die kommen oft in ganz niedriger Höhe angerauscht, hauen ihre Bomben runter, jagen ein paar Feuerstöße aus dem Bord-MG und hauen wieder ab", erklärte Blankensen.

„Es ist egal, welche Hoheitsabzeichen auf den Flugzeugen sind. Es sind keine guten Zeichen, wenn Flugzeuge herumschwirren", beharrte Bäumler auf seiner Aussage.

„Wieso bist du so stur, Richard? Was ist daran schlecht, wenn die Luftwaffe dort oben herumfliegt?"

„Ganz einfach, Kameraden", begann Bäumler zu erklären. Er zog noch einmal an seiner Pfeife, inhalierte und stieß den Rauch während des Sprechens aus. „Wenn die roten Sterne oben sind, kracht es, wenn unsere Balkenkreuze zu sehen sind, geht es nach vorn. Das bedeutet für uns, wir müssen an die Front rollen, um dort zu kämpfen. Die Luftwaffe wirft dem Iwan ein paar Bomben auf den Kopf und haut wieder ab, während wir den Mist hier unten immer zu Ende bringen müssen. Eben nur mit dem kleinen Unterschied, dass wir dem Feind direkt in die Augen sehen!"

„Ein Vetter von mir sitzt im Kessel von Demjansk. Die Kameraden werden von der Luftwaffe versorgt. Den Kessel wird es zwar nicht mehr lange geben, weil wir die Russen bis zum nächsten Wintereinbruch besiegt haben, aber ohne die Luftwaffe wäre Demjansk schon gefallen", brachte Lützmann ein.

„Pah", winkte Bäumler ab, „was du eben gesagt hast, bedeutet nichts anderes, als dass dein Vetter bereits in der dampfenden Kacke sitzt. Er ist eingekesselt und die Luftwaffe ist und bleibt der einzige Versorgungskanal. So sieht´s aus! Wenn wir hier auf die Schnauze kriegen, dann können wir wenigstens nach hinten abhauen. In einem Kessel geht das nicht! Ich sagte doch, wenn so viele Flugzeuge dort oben herum kreisen, ist das immer mit irgend einem Ärgernis verbunden."

„Du bist und bleibst einfach ein Sturkopf, Richard", gab Blankensen auf.

Als der Bereitstellungsraum erreicht wurde, hörten die Landser des 8. Regiments im Hintergrund bereits Artilleriefeuer. Die Lastwagen hielten an, gewohnte Kommandos wurden gebrüllt.

„Na endlich", atmete Bäumler auf, „noch ´ne Stunde und hätte mit Schwielen am Hintern ins Lazarett gehen können."

„Du bist heute wohl mit dem falschen Bein aufgestanden", grinste Fritz Blankensen den Obergefreiten an. Sie sprangen von der Ladefläche und stellten sich in Reihe auf. Das Marschgepäck und die Waffen waren am Mann.

Hauptmann Lottner trat schließlich vor die Kompanie. „Wir sind fast am Ziel. Männer, jetzt wird es ernst! Wir setzen über den Don. Die ersten Randbezirke von Woronesch sind bereits von den Kameraden der Division Großdeutschland eingenommen worden, jetzt sind wir an der Reihe! Abrücken! Ich selbst fahre zwischenzeitlich zum Regimentsgefechtsstand und werde später weitere Einzelheiten bekannt geben."

Privatarchiv des Autors, Foto: Landser an einem Fluss, Lastwagen, Krad mit Beiwagen

Zu Fuß ging es weiter, bis der Don erreicht war. In der Nähe des großen Flusses wurde gelagert. „Wir haben Glück, die Latrinen können von den Kameraden übernommen werden. Zu den Feldküchen ist es auch nicht weit und wir müssen nur unsere Zelte aufbauen. Je zwei Mann, wie gehabt", ordnete Weidners Zugführer, Leutnant Schmal, an.

Drei Stunden später war es soweit. Lageeinweisung stand auf dem Dienstplan. Hauptmann Lottner war zurückgekehrt und wies seine Zug- und Gruppenführer ein.

„Heute Nacht überqueren wir den Don. Die Stadtränder gegenüber des Flusses sind bereits eingenommen. Der Russe hat Woronesch stark besetzt. Die Zivilbevölkerung scheint größtenteils die Stadt verlassen zu haben. Wir haben den Befehl die Kameraden der Division Großdeutschland herauszulösen. Das passiert heute Nacht. Bis sämtliche Kräfte eingetroffen sind, werden wir mittels Spähtrupps die genaue Stärke des Gegners erkunden. Unsere Vorgänger sind auf erbitterten Widerstand gestoßen. Es wird um jede Straße und jedes Haus gekämpft."

Gemurmel ging durch die Reihen der Soldaten.

„Wie sieht es mit Panzerunterstützung aus?", fragte Leutnant

Schmal nach.

„Sobald alle verfügbaren Einsatzkräfte angekommen sind, werden wir sie haben, allerdings müssen wir aufpassen. Die Russen haben sämtliche Straßen vermint. Wir brauchen unbedingt mehr Erkenntnisse. Noch Fragen?"

Keiner meldete sich. Im Anschluss wurden die zu besetzenden Stellungen zugewiesen. Als Weidner zur Gruppe zurückkehrte, war sein Blick ernst. Bäumler ahnte Schlimmstes und fühlte sich bestätigt, als der Unteroffizier berichtete, was Hauptmann Lottner zuvor erklärte.

„… und gewechselt wird nachts. Ebenso kommt die Verpflegung immer nur nach vorn, wenn es dunkel ist. Die Essensträger müssen höllisch aufpassen und auf die Hinweisschilder achten. Also immer Obacht geben. Egal, ob wir in den Stellungen liegen, oder für die Versorgung zuständig sind. Übrigens schießt der Russe auch mit Artillerie. Also wurde die Musik …", umschrieb Weidner die Artillerieabschüsse, „… die wir bei der Ankunft gehört haben, von beiden Seiten gespielt. Es kommt ein ganz schöner Hexentanz auf uns zu. Zur Überraschung gibt's aber noch einen oben drauf."

„Was denn noch?", fragte Bäumler.

„Wir sind die ersten, die auf Posten gehen und lösen unsere Vorgänger ab sobald es dunkel ist. Heute bekommen wir noch einmal Warmverpflegung, frisch von der Feldküche, ab morgen werden uns Essenträger versorgen."

„Die geben uns doch Kaltverpflegung mit, oder?", hakte Blankensen besorgt nach.

„Keine Angst, blonder Riese", beruhigte ihn der Unteroffizier. „Wir erhalten auf jeden Fall für zwei Tage Kaltverpflegung, die allerdings auch als eiserne Ration dient."

„Sonst noch was?"

„Allerdings! Stahl, du sollst dich beim Alten melden. Sonderauftrag!"

Der Gefreite nickte gelassen. Er hatte es schon geahnt. Ein Einsatz in einer Stadt bietet viele Möglichkeiten für Scharfschützen. Stahl packte seine Sachen zusammen. Weidner zeigte dem Gefreiten noch auf einem Plan ihre Stellung in Woronesch. „Sollte Lottner dich in die Stadt schicken, so weißt du, wo du immer ein schönes Plätzchen zum Ausruhen findest."

Stahl bedankte sich und drückte Weidner die Hand. „Wir sehen uns", sagte er salopp und ging, ohne sich noch einmal umzudrehen.

Mit Einbruch der Dämmerung waren sie Abmarschbereit. Leutnant Schmal führte seinen Zug durch die Häuserruinen von Woronesch.

„Was ist mit Stahl?", erkundigte sich Unteroffizier Weidner bei seinem Vorgesetzten. „Wissen Sie Näheres über dessen Sonderauftrag?"

„In der Stadt sind nach Angaben unserer Vorgänger viele russische Scharfschützen eingesetzt, die bereits der Division Großdeutschland das Leben schwer machten. Der Gefreite Stahl soll das gleiche machen, wie seine russischen Gegenüber, und insbesondere die russischen Scharfschützen ausschalten. Ein Ortskundiger weist unseren Mann ein."

Den Don überquerten die Landser über einen von den Pionieren angelegten Steg. Immer wieder erstaunte es die Landser, welche Leistungen ihre Kameraden von den Pioniertruppen erbrachten.

„Hier sind wir außerhalb jeglicher Reichweite russischer Waffen", erklärte der Offizier.

Am anderen Flussufer wartete ein Feldwebel auf sie. Er grüßte den Leutnant und stellte sich als derjenige vor, die sie in ihre Stellungen führen sollte. Sie folgten dem Soldaten und erreichten bald die ersten Häuser der russischen Stadt.

„Woronesch ist ´ne verdammt wichtige Industriestadt und außerdem ein Verkehrsknotenpunkt. Den Don haben wir unter Kontrolle, dass heißt, hier kann kein russisches Schiff kreuzen, ohne dass wir es vor ein Kanonenrohr bekommen. Aber der Woronesch selbst, so heißt ein wichtiger Nebenfluss des Don, der auch als Namenspate für die Stadt diente, wird von der Roten Armee noch genutzt. Die russische Ari feuert zwar nur sporadisch, dafür so genau, dass wir vermuten, sie haben an allen strategisch wichtigen Punkten VB sitzen. Ach ja, unsere Panzer sind ständig auf Minen gefahren. Der Iwan hat vermint, was zu verminen ging. Die Roten Brüder haben nichts ausgelassen. Achtet immer auf die Warnschilder! Und wenn ihr zur falschen Zeit eure Rübe über den Grabenrand hebt oder um eine Hausecke streckt, kann es passieren, dass sie euch platzt! Der Iwan hat seine Scharfschützen in der Stadt verteilt. Das Dumme an der Sache ist, dass je mehr unsere Ari reinhaut, es immer mehr Verstecke für die

Heckenschützen gibt. Die Trümmer sind ideal zum Verkriechen."

Sie kamen an einer Straße vorbei, an der vor Minen gewarnt wurde. Das Schild war deutlich sichtbar aufgehängt. Die Wohnhäuser ringsum waren teilweise waren zerstört. Dem Feldwebel entging nicht der Blick von Leutnant Schmal, als er über Möbel stieg, die quer verstreut auf ihrem Weg lagen. „Unsere Luftwaffe hat hier auch schon Bomben abgeladen. Die Möbel stammen aus zerstörten Häusern. Vermutlich wurden sie von Plünderern weggeworfen, als unsere oder die russischen Soldaten kamen."

Der Feldwebel blieb stehen. „Ab jetzt geht es geduckt weiter. Macht einfach, was ich mache und zieht die Köpfe ein. Wir kommen in ein von Scharfschützen verseuchtes Gebiet."

Respektvoll machten sie jede Bewegung nach, die der Feldwebel vormachte. Duckte er sich, duckten sich alle. Lief er schneller, rannten sie ebenfalls. Zwei Kreuzungen weiter, wurden die Gruppen auf ihre Stellungen aufgeteilt. Unteroffizier Weidners Gruppe konnte zusammen bleiben. Sie besetzten ein großes, altes Schulgebäude, aus dessen Dachfenster man gute Sicht über die Stadt hatte. Vorsichtshalber warnte sie der Feldwebel, denn zweimal hatte ein russischer Scharfschütze hier schon blutig zugeschlagen. „… und vergesst nicht das Erdgeschoß besetzt zu halten. Der Iwan schickt hin und wieder Stoßtrupps los. Wenn sie erst einmal in ein Haus eingedrungen sind, bekommt man sie nur zäh wieder aus. Die sind wie Kellerasseln. Also immer Ohren und Augen aufhalten", verabschiedete sich der Landser schließlich.

Da das Schulgebäude genügend Platz bot, beschloss Leutnant Schmal hier seinen Befehlsstand einzurichten. Der zum Zugtrupp gehörende Sanitätsgefreite, Herbert Schuhmann, richtete sich für Notfälle ein. Ein rückwärtiges Zimmer sollte seine kleine Krankenstation werden. Der zugeteilte Nachrichtenmann baute gleich im Nachbarraum sein Funkgerät auf. Eine erste Meldung an den Kompaniegefechtsstand wurde abgesetzt.

Privatarchiv des Autors, Foto: Landser vor einer Ruine

Während der Leutnant sich einrichtete, teilte Unteroffizier Weidner die Mannschaft auf ihre Posten ein. Blankensen und Keßler, einer der jungen Kameraden, wurden nach oben geschickt. Bäumler und Lützmann bedienten das lMG der Gruppe. Sie postierten sich im ersten Stock und übernahmen dort die MG-Stellung ihrer Vorgänger. Eine Artilleriegranate hatte in diesem Raum ein großes Loch aus der Wand gesprengt. Somit war gute Deckung und ein breites Schussfeld geboten. Stolzenberg, Reich, Gerstner und Müller blieben im Erdgeschoß.

„Passt auf, dass der Russe euch nicht sieht. Seid wachsam. Wenn einer von euch pennt, ist das in Ordnung, solange der zweite Mann wach und auf Posten bleibt. Übern Hinterhof ist ein Plumpsklo. Das könnt ihr bei Bedarf benutzen. Meldet euch aber vorher ab. So wie ich Leutnant Schmal verstanden habe, werden wir auf jeden Fall zwei bis drei Tage in dieser Stellung bleiben. Nach dem letzten Tag müssen wir ein Spähtrupp-Unternehmen durchführen, danach dürfen wir für zwei Tage in die Etappe, bzw. sind Reserve."

„Und wann wird die Stadt eingenommen?", wollte Stolzenberg wissen.

„Leutnant Schmal hat gesagt, dass der Regimentsstab schon mit der Planung beschäftigt ist. Es wird also nicht mehr allzu lange dauern."

Die erste Nacht verlief ruhig. Als die Morgendämmerung den dunklen Schleier von den Gebäuden nahm und die Konturen der Häuser Gestalt und Farbe annahmen, schob Blankensen einen lockeren Dachziegel beiseite. Er hob das Fernglas an seine Augen und genoss die Aussicht über Woronesch. Um nicht von einem Scharfschützen entdeckt zu werden, zog er nach kurzer Zeit das Loch wieder zu. Anschließend ging er zum Dachfenster an der Giebelseite der Schule. Blankensen kniete sich ab und lugte vorsichtig aus dem Fenster. Er entdeckte nichts Auffälliges und hob wieder das Fernglas an seine Augen. Von hier aus sah er bis zum anderen Ortsende. Eine Fabrik mit zwei großen Kaminen schien das letzte Gebäude zu sein. Dahinter befand sich flaches, unbebautes Land. „Typische Steppenlandschaft", flüsterte er leise vor sich hin.

„Was faselst du da?" fragte Keßler.

Blankensen erschrak und zuckte zusammen. Er dachte, Keßler würde schlafen. „Mein Gott, hast du mich erschreckt", entfuhr es ihm.

Keßler lachte. „Wie ist die Aussicht?", wollte er wissen.

„Straßen, Häuser, am Ende der Häuserzeilen eine Fabrik, dann offenes Land und ganz hinten Wald. Würde mich nicht wundern, wenn dort die russische Ari sitzt. Gut versteckt vor unserer Luftwaffe."

„Muss ich mir mal ansehen", stieß Keßler neugierig aus, stand auf und begab ebenfalls sich zum Giebelfenster. „Gib mir das Fernglas", bat er Blankensen. Dabei stand Keßler direkt vorm Fenster.

„Du musst vom Fenster weg. Die russischen Scharfsch…", weiter kam Blankensen nicht. Ein Schuss zerriss die Morgenstille. Zeitgleich sackte Keßler getroffen zusammen. Die Feldbluse färbte sich an der rechten Brust rot. Das Gesicht des jungen Landsers wurde schlagartig blass. Aus seinem Mund drang nur noch ein leises Gurgeln.

„Neiiiin!", brüllte Blankensen und zog den Getroffenen zur Seite. „Saniiii!", rief er panisch und knöpfte Keßlers Feldbluse auf. „Saniiii!", wiederholte Blankensen und hörte schnelle Schritte im Treppenhaus. „Hier oben! Im Dachgeschoß!"

Weidner und der Sanitäter stürmten herein. „Was zum Henker ist passiert?", brüllte der Unteroffizier. Bevor Blankensen antworten konnte, sah Weidner das offene Giebelfenster. „Scharfschütze?", stieß der Unteroffizier fragend in den Raum, obwohl er die Antwort schon kannte.

Blankensen nickte wortlos.

„Diese verdammten Heckenschützen", fluchte der Gruppenführer und kniete sich neben dem Verwundeten ab.

Der Sanitätsgefreite hatte die Wunde frei gelegt. Keßler stöhnte und verlor das Bewusstsein. „Die Kugel steckt in der Lunge fest, der Kamerad hat Schmerzen. Wenn er nicht so schnell wie möglich auf dem Operationstisch landet, wird er sterben!"

Trockener, treffender und schlechter konnte die erste Diagnose nicht ausfallen.

„Kannst du ihn nicht einigermaßen zusammenflicken?"

Schuhmann sah den Unteroffizier mit stechendem Blick an. Die Antwort des Soldaten, der die Rotkreuzbinde am linken Oberarm trug, war vorhersehbar. „Ich bin Sanitäter und kein Arzt. Ich habe zwar in meinem Sanitätskasten ein paar Extras, aber garantiert kein Operationsbesteck."

„Die Sonne ist gerade aufgegangen. Du weißt doch, dass wir hier bis zur Dämmerung fest sitzen!"

„Ich weiß auch, dass man mit einem Lungensteckschuss überleben kann, wenn man schnell operiert wird, aber auch qualvoll sterben kann, wenn man nur herumliegt! Und jetzt Schluss mit dem Gerede! Ihr müsst mir helfen. Ich muss die Wunde säubern, desinfizieren und einen Druckverband anlegen."

„Ich hatte ihn gerade gewarnt, Franz", versuchte Blankensen zu erklären.

„Mach dir keinen Vorwurf. Der Scharfschütze holt sich seine Beute. Du kannst nichts dafür", beruhigte Unteroffizier Franz Weidner.

Der Sani säuberte die Wunde und desinfizierte sie mit Sepsotinktur. Anschließend legte er einen Druckverband an. Das Stöhnen des Verwundeten wurde immer lauter.

„Kannst du ihm was gegen die Schmerzen geben?", fragte Blankensen.

„Ich habe zwar ein paar von den Opiumtabletten im Koffer, aber die kann er nicht kauen."

„Dann nimm etwas von deinem Schwarzbestand an Morphium", preschte Weidner dazwischen. „Ich weiß, dass du immer ein oder zwei Spritzen für Notfälle beiseite schaffst."

Schuhmann kramte wortlos in seiner Tasche herum. „Keine

Sorge, genau das hatte ich vor." Nachdem er dem Verwundeten die Injektion verabreicht hatte, wurde Keßler ruhiger. „Schaffen wir ihn nach unten."

„... und ich sage noch einmal, dass der Soldat stirbt, wenn er nicht in Kürze operiert wird. Entweder ein Arzt kommt zu uns, oder ihr müsst Keßler holen!", schmetterte Leutnant Schmal ins Funkgerät. Der Offizier war außer sich vor Wut.

„Wir melden uns wieder", war die letzte Antwort.

Der Nachrichtenmann zuckte nur mit den Schultern.

„Weidner, wir werden selbst zurück bringen ihn selbst zurück, sollte sich die Kompanie als unfähig erweisen einen verwundeten Kameraden zu retten", stieß er wütend aus. „Was sagt der Sani? Wie lange wird Keßler durchhalten?"

„Schwer zu beurteilen, Herr Leutnant", rief der Sanitätsgefreite Schuhmann dem Offizier zu. Schuhmann befand sich im Nachbarraum und saß neben dem schwer Verwundeten. „Bis jetzt ist der Puls stabil, aber das kann in zehn Minuten schon wieder anders aussehen."

Leutnant Schmal wollte gerade den Raum verlassen und ins Sanitätszimmer gehen, als das Tornisterfunkgerät knackste. Der Nachrichter setzte sofort den Kopfhörer auf. Ein paar Sekunden später meldete er: „Es ist Hauptmann Lottner persönlich, Herr Leutnant."

Schmal blieb stehen, wartete den Funkspruch ab und wurde sichtlich nervös. Der Nachrichtenmann legte den Kopfhörer ab.

„Nun machen Sie es nicht so spannend. Was der Hauptmann Lottner befohlen?"

„Der Kuckuck kommt zum Nest, der Habicht fängt das Huhn!"

Schmal atmete auf, als er die verschlüsselte Nachricht hörte. „Sie holen ihn und werden dafür sorgen, dass der Scharfschütze ausgeschaltet wird."

„Gott sei Dank", schnaufte Weidner erleichtert aus.

Ein Hoffnungsschimmer! Niemand saß gern einem feindlichen Scharfschützen gegenüber.

„Melder zu mir!"

Sofort meldete sich ein Obergefreiter, an dessen Feldbluse das Band des Eisernen Kreuzes angebracht war. „Herr Leutnant?"

„Gehen Sie zu den einzelnen Posten und teilen Sie mit, dass uns gegenüber ein Scharfschütze liegt. Sagen Sie den Männern, sie

54

sollen die Köpfe unten halten."

„Verstanden, Herr Leutnant." Der Melder salutierte und wollte loslaufen, als der Offizier ihm noch etwas nachrief.

„Und sagen sie den Männern, dass ich eine Flasche Schnaps auf den Kopf des russischen Scharfschützen aussetze! Ach ja, und passen Sie auf jeden Fall auf sich selbst auf!"

Über das Gesicht des Soldaten lief ein zufriedenes Grinsen. „Keine Angst, Herr Leutnant. Ich verschmelze mit den Mauern und mache mich unsichtbar."

Hauptmann Lottner hatte den Funkspruch beendet und schnaufte kräftig durch. „Wir holen unseren Mann dort raus", preßte er heraus und schlug die rechte Faust in die linke Hand. „Gürtmann, ist Stahl noch hier?"

Der Spieß legte die Feldpost beiseite, die er gerade auf drei verschiedene Haufen verteilte und nickte. „Den Scharfschützen wollten wir erst heute Nacht rausschicken."

„Dann ändern wir das Vorhaben. Stahl soll sich bereit machen. Er hat in Woronesch einen Auftrag zu erledigen. Außerdem brauche ich zwei Krankenträger. Erfahrene Männer, sowie eine Gruppe Landser, die zur Sicherung mitgeht. Der Sanka soll so weit, wie möglich vorfahren. Ich möchte nicht, dass der Soldat Keßler stirbt, weil wir versagt haben."

Sofort sprang der Oberfeldwebel mit den Kolbenringen an den Uniformärmeln auf und führte den Befehl des Kompanieführers aus. Irgendwo in der Etappe läutete ein Feldtelefon, Soldaten wurden alarmiert, ein Melder suchte Stahl. Bereits dreißig Minuten später fuhren ein Sanka und ein Opel Blitz Lastwagen in Richtung Woronesch davon.

Privatarchiv des Autors, Foto: Lastwagen vor einer Ruine

„Hier ist Schluss!" sagte der Fahrer des Opel Blitz. „Von hier aus müsst ihr zu Fuß weitergehen."

Erwin Stahl sprang von der Ladefläche des Lastwagens, hängte sich den russischen Mosin-Mehrlader um und warf einen Blick auf die Häuserruinen der Stadt.

Ein Feldwebel setzte sich an die Spitze der Gruppe. In Reihe folgten ihm die Soldaten. Die Waffen wurden schussbereit getragen. Es ging nur langsam voran. Die Landser pressten sich an Hauswände, durchquerten Ruinen und achteten auf Warnschilder, die auf Minenfelder oder Scharfschützengefahr hinwiesen. Erwin Stahl wäre gern schneller vorangekommen, aber er wusste, dass es lebensgefährlich war. Der Feldwebel handelte klug, ging behutsam, aber nicht ängstlich vor. Endlich schienen sie ihr Ziel erreicht zu haben. An einer Kreuzung hielt der Feldwebel seine Hand nach oben und ließ halten. „Wir müssen dort rüber und an der Straße entlang. Das große Backsteingebäude dort drüben ist die Schule. Da müssen wir hin. Das dumme an der Sache ist nur, dass wir ab jetzt definitiv vom Feind gesehen werden."

„Dann lasst uns mal hurtig rüber laufen", schlug einer der Träger vor.

„Nur mal langsam, Kamerad. Ich trau dem Frieden nicht."

„Er hat recht", mischte sich Stahl ein und kam nach vorn. „Wir müssen höllisch aufpassen. Der Iwan hat unseren Kameraden schwer verwundet. Er weiß, dass wir ihn rausholen müssen, wenn er nicht sterben soll. Alles, was er zu tun hat, ist auf der Lauer zu liegen."

„Woher willst du das wissen?" konterte der Träger.

„Weil ich es auch so gemacht hätte", antwortete Stahl und sah dem zweifelnden Landser in die Augen. Dieser konnte dem starren Blick des Scharfschützen nicht lange stand halten und würgte ein: „Schon gut", hervor.

„Was schlägst du vor?", wollte der Feldwebel von Stahl wissen.

„Du hast doch eine Dorette dabei, oder?"

„Ja."

„Melde uns an. Unsere Kameraden sollen schießen und ordentlich Rabatz machen. Wenn sie damit anfangen, lauft ihr zur Schule."

„Was heißt da *ihr*?"

„Ich werde mir eine schöne Stelle suchen und hoffe, dass ich den Iwan vor die Optik bekomme. Wenn er lauert und auf euch schießt, kriege ich ihn."

„Wir sollen deine Bauernopfer sein?", fragte einer aus der Sicherungsgruppe.

„Im Gegenteil", klärte der Feldwebel den Soldaten auf und antwortete schneller als Stahl. „Er wird uns Deckung geben. Ihr müsst bedenken, dass wir sowohl zur Schule hin, als auch wieder zurück müssen. Wenn tatsächlich ein russischer Scharfschütze in einem der Häuser hockt …", er schüttelte mit dem Kopf und sprach den Satz nicht zu Ende. „Nicht auszudenken", setzte er schließlich nach.

„Ich vertraue auf unseren Scharfschützen", sagte einer der jüngeren Landser aus dem Sicherungstrupp. „Ich laufe auch als Erster los, wenn ihr wollt."

„Wie lange braucht ihr um den Verwundeten aufzunehmen und zurück zu kommen?", fragte Stahl.

„Zehn Minuten, schätze ich."

„Gebt mir fünfzehn Minuten, dann lauft los."

Der Feldwebel nickte dem Gefreiten zu und nahm die Dorette zur Hand um Verbindung mit Leutnant Schmal aufzunehmen. Stahl ging ein paar Meter zurück und verschwand in einer Seitenstraße. Der Scharfschütze beeilte sich und lief flink die enge Straße entlang. Die Häuser waren offensichtlich von ihren Bewohnern verlassen worden. Alles war tot. Kein Leben in den Straßen. Nicht einmal eine Katze oder ein Hund waren zu sehen. Der Gefreite schätzte die zurückgelegte Entfernung ab. *Hier*, entschied er stumm und nahm seine MP 40 in Hüftanschlag. Der Scharfschütze betrat ein Mehrfamilienhaus. Im Flur blieb er stehen und horchte. Nichts. Kein Laut war zu hören. Das Herz des Soldaten fing an zu rasen. Schweißperlen bildeten sich auf seiner Stirn, als er die hölzerne Treppe nach oben ging. Das Haus hatte zwei Stockwerke. Im zweiten Stockwerk angelangt, verharrte Stahl. Es war immer noch alles ruhig. Der Scharfschütze sah zur Decke. „Da ist sie ja", flüsterte er, als er die Einstiegsluke zum Dachboden sah. Eine metallene Öse verriet ihm, dass irgendwo ein Stock mit Haken stehen musste. Er sah ihn in der linken Ecke, schnappte sich den Stock, hakte an der Einstiegsluke ein und öffnete sie, indem er sie nach unten zog. Er klappte eine schmale Stiege aus und ging nach oben. Das Dach war löchrig. Es fehlten an mehreren Stellen Ziegel. Stahl freute sich über sein Glück. Der Dachboden war niedriger, als gedacht. Der Scharfschütze sah ein größeres Loch und musste sich gebückt dorthin begeben. Mit dem Fernglas suchte er die Gegend ab. Sein Standplatz war ideal. Er sah die Schule, die Kreuzung und einen Großteil von der russischen besetzten Seite. Behutsam nahm er noch zwei weitere Dachziegel weg. Dann kniete er sich hin, nahm sein Mosin von der Schulter und brachte das Scharfschützengewehr in Anschlag. Schüsse fielen. Ein MG ratterte los. Das musste das Sperrfeuer sein. Seine Kameraden würden jetzt die Kreuzung überqueren und zur Schule laufen. Die Russen antworteten mit ungezielten Feuerstößen, deren Einschläge an der Schulhauswand kleine Löcher stanzten. Für Stahl ein Zeichen, dass der Feind schlechte Sicht hatte, sonst lägen die Schüsse präziser. Schnell hatte der Landser ein von den Russen besetztes Gebäude ausgemacht und suchte es mit seinem Zielfernrohr ab. Er hätte zwei oder drei Rotarmisten erledigen können, doch dann wäre seine Stellung nutzlos geworden. Stahl wartete geduldig. Er musste den Scharfschützen ausfindig machen. Schreie waren zu hören. Hektik kam auf. Hatte der Scharfschütze zugeschlagen? Fieberhaft sah er durch seine Zieloptik und suchte nach etwas Auffälligem. Sein Blick huschte über ein Trümmerfeld, wanderte am nächsten Haus nach oben, und fixierte das Dach, als er plötzlich inne hielt und seinen Blick wieder zurückwandern ließ. Erneut zog er den Zielstachel der Optik über das Trümmerfeld. Irgend etwas hatte hier nicht gestimmt. Was war das nur? Was hatte den Instinkt des Jägers gestört? Schneller! Stahl setzte sich selbst unter Druck. Nur schnelles Handeln konnte Kameradenleben retten. Dann sah er die Ferse eines russischen Militärstiefels. Das Bein bewegte sich, suchte Halt. Der restliche Körper steckte unter einem großen hölzernen Tor und war nicht zu sehen. Das war früher wohl der Eingang zu einem noblem Haus, schoss es Stahl durch den Kopf. Der russische Scharfschütze war bestens getarnt und auch noch gegen schlechtes Wetter geschützt. Lediglich die Ferse seines linken Fußes ragte aus der Deckung. Möglicherweise ein tödlicher Fehler. Stahl zögerte keinen Augenblick. Sich bewusst, wie wichtig dieser Schuss war, hatte er eines der Explosivgeschoße geladen. Der Scharfschütze visierte die Ferse an, suchte den Druckpunkt, hielt kurz die Luft an und krümmte den Zeigefinger. Der Schuss krachte, der Kolben schlug gegen die Schulter. Durch das Zielfernrohr erkannte Stahl, wie die Ferse des Russen zerfetzt wurde. Ein gellender, heller Schrei drang durch die Straßen. Immer noch feuerten die Rotarmisten, die auf die deutsche Stellung im Schulgebäude. Stahl wollte sich erst zurückziehen, entschied sich aber doch noch in seiner Stellung zu bleiben. Er war sich sicher, durch den abgegebenen Schuss nicht entdeckt worden zu sein. Der Knall war im Kampfgetöse untergegangen. Er beobachtete das Geschehen. Die Landser in der Schule beantworteten das Feuer des Iwans nicht mehr. Scheinbar kam die Gruppe des Feldwebels mit den Krankenträgern gut an. Jetzt wollte Stahl den Rückweg seiner Kameraden decken. Zehn Minuten Verweildauer waren vereinbart. Der Scharfschütze sah auf seine Armbanduhr, dann wieder durch das Zielfernrohr. Drei russische Soldaten rannten geduckt zum Versteck ihres verwundeten Scharfschützen. Stahl erkannte keine Armbinden mit einem roten Kreuz, also waren es für ihn potentielle Feinde, die seine Kameraden töten wollten. Die Männer in ihren erdbraunen Uniformen erreichten den Scharfschützen. Während das Schulgebäude immer noch beschossen wurde, hoben zwei Rotarmisten das Holztor an, während der dritte von ihnen den Scharfschützen an dessen gesundem Bein unter dem Tor hervorzog. Stahl schwenkte zum Gesicht seines Opfers und erschrak, als der Stahlhelm abgenommen wurde. Der russische Scharfschütze war eine Frau. Krampfhaft hielt sie ihr Zielfernrohrgewehr fest. Vermutlich eine Schockreaktion. Der junge Landser schluckte. Sein Adamsapfel wanderte rauf und runter. Er setzte das Gewehr ab und atmete ruhig durch. Eine Frau. Er hatte auf eine Frau geschossen! Egal! Sie war der Feind und die Russen hatten viele solcher Flintenweiber in ihren Reihen. Sie töteten wahllos deutsche Soldaten, also spielt das Geschlecht keine Rolle. Die schrecklichen Erinnerungen an Erich, seinem Schulfreund, meldeten sich zurück. Stahl schnaufte durch, nahm das russische Mosin in Anschlag und zielte auf den Oberkörper des ersten Helfers. Schuss und Treffer. Schnell repetierte er, nahm den zweiten Feind ins Ziel und drückte wieder ab. Der dritte Russe sah sich hektisch um. Er starrte in Richtung des Dachbodens, wo Stahl saß, zeigte nach oben und schrie laut, bevor der nächste Schuss des deutschen Scharfschützen den Rotarmisten für immer verstummen ließ. Sofort nachdem Stahl den Russen zusammenbrechen sah, zog er sich zurück. Er hoffte, die Träger würden sich bereits auf dem Rückweg befinden, und hetzte die Treppe hinunter. Der Landser verfluchte sich, so lange in einer Stellung ausgeharrt zu haben und ahnte Schlimmes. Als er auf der Straße angelangt war, hörte er schon ein Maschinengewehr rattern und Granaten einschlagen. Das Haus, das Stahl als Deckung diente, wurde beschossen. Er hatte es gerade noch rechtzeitig hinaus geschafft. Der Deutsche rannte den gleichen Weg zurück, den er zuvor benutzte. Im Laufschritt hastete er die Straße entlang, sprang über kleine Granattrichter und Steinbrocken hinweg. Als er seinen Ausgangspunkt erreichte, sah Stahl die Krankenträger um eine Hausecke huschen. Sie waren also wieder auf dem Rückweg. Die erste Hälfte seines Auftrags war erfüllt. Jetzt musste er der Gruppe noch Rückendeckung geben, bis sie sicheres Gebiet erreicht hatten. Stahl konnte gefahrlos bis zum Ende der Straße laufen. Dort angelangt, wo er seine Kameraden abbiegen sah, blieb er stehen. Mit dem Feldstecher beobachtete er Straße, Häuser und Ruinen. Kein Feind war zu erkennen. Stahl sah, wie sich der Trupp langsam seinen Weg durch die Trümmer bahnte. Der Gruppenführer war ein erfahrener Soldat. Die Krankenträger gingen in der Mitte der Gruppe. Der letzte Mann sicherte nach hinten ab. Er erkannte Stahl und winkte ihm zu. Endlich war das Hinweisschild erreicht, welches vor Minen warnte. Die Gefahrenzone war überwunden. Stahl holte auf, gesellte sich wieder zur Gruppe und sprach den Feldwebel an.

„Hat besser geklappt, als ich dachte."

Dem Gruppenführer war die Erleichterung deutlich anzusehen. „Das war eine ganz schön enge Sache. Du hast den Scharfschützen erwischt, nicht wahr?"

„Das habe ich!"

„Und das nicht zu spät. Der Kerl hatte es auf mich abgesehen. Schau mal her!"

Stahl konnte es kaum glauben, als der Feldwebel sein Seitengewehr zeigte. Der Holzgriff war abgesplittert. Das Flintenweib wollte dem Feldwebel einen Körpertreffer verpassen.

„Vor dem zweiten Schuss musst du ihn erledigt haben."

Vor Stahls Augen tauchte wieder das Bild der Frau auf. Er überlegte, ob er es dem Feldwebel sagen sollte, entschied sich dann aber doch dafür zu schweigen. „Ihr seid ohne Verluste durchgekommen?", lenkte er fragend ab.

„Keine Ausfälle. Alles hat wunderbar geklappt."

Sie erreichten den Sanka. Der schwer verletzte Keßler wurde eingeladen und sofort zum Hauptverbandsplatz gebracht.

Nachdem der Feldwebel, der die Gruppe anführte, seinen Bericht bei der Kompanie ablieferte, war Hauptmann Lottner bestens gelaunt. „Ich werde Stahl sofort zur Beförderung vorschlagen. Wäre er nicht so wertvoll für uns, müsste man ihn sofort zum Unteroffizierslehrgang schicken!"

Oberfeldwebel Gürtmann, der Spieß, stimmte seinem Vorgesetzten zu. „Das hat Stahl verdient, Herr Hauptmann. Seit er z.b.V. ist und dem Russen ordentlich einheizt, ist die Stimmung in der Truppe deutlich gestiegen. Einige Kameraden schwärmen direkt vom Gefreiten Stahl."

„Er hat sich also den Respekt der Kompanie verdient", murmelte der Offizier leise vor sich hin. „Wie viele Treffer stehen auf seiner Abschussliste?", fragte er schließlich den Spieß.

Gürtmann kramte in seinen Akten. „Achtunddreißig bestätigte Treffer, darunter einige unbezahlbare Abschüsse!"

„Wie meinen Sie das, Gürtmann?"

Der Spieß räusperte sich. „Na ja, ich denke da zum Beispiel an den russischen Scharfschützen, der binnen kürzester Zeit elf Landsern den Heldentod bescherte. Stahl schaltete ihn aus. Danach kehrte Ruhe im Frontabschnitt ein."

„Das war sein erster Abschuss. Ich kann mich gut daran erinnern", bestätigte der Hauptmann. Die Runzeln auf seiner nachdenklich wirkenden Stirn glätteten sich.

Der Spieß sah seinen Vorgesetzten mit besorgter Miene an. „Ich frage mich nur, wie lange der Junge das noch so wegsteckt. Ich hoffe jedes Mal, wenn er ins Feld zieht, dass er heil wieder zurückkehrt."

„Das hoffe ich von all meinen Leuten. Kümmern Sie sich um meinen Vorschlag zur sofortigen Beförderung zum Obergefreiten und schicken Sie es zum Regimentsgefechtsstand rüber. Nach der Sommeroffensive möchte ich Stahl bei einem Unteroffizierslehrgang sehen, und zwar mit mehr, als seinem Eisernen Kreuz an der Brust!"

Gürtmann grinste zufrieden. „Das erledige ich sofort und von ganzen Herzen, Herr Hauptmann!"

Zwei Tage später war Stahl zu seinem neuen Auftrag aufgebrochen. Er traf sich mit den Essensträgern und einem Melder. Der Scharfschütze hatte die Order erhalten zu Leutnant Schmal und dessen Zug vorzurücken. Dort sollte er nach belieben in Stellung gehen, beim Russen für Unruhe sorgen und schließlich den geplanten Stoßtrupp von Leutnant Schmal absichern.

Spähtrupp! Stahl hatte es schon immer gehasst. *Garantiert ein Himmelfahrtskommando*, dachte sich der Gefreite, denn die Ruinen von Woronesch waren so stark von der Roten Armee infiltriert, dass Feindberührung unausweichlich war. Andererseits wusste Stahl, dass eine deutsche Offensive unmittelbar bevor stand. Beim Tross hatte er mitbekommen, wie sich das Regiment, sowie weitere starke Kräfte, für einen Großangriff auf Woronesch vorbereiteten. Die Stadt würde dem Angriff nicht standhalten, dessen war sich der Scharfschütze sicher. Insgeheim hoffte er, dass sich der Russe in Anbetracht der deutschen Überlegenheit zurückzog. Die Stoßtrupps waren für die Erstellung neuer Lagebilder enorm wichtig.

Glücklich, seinen Zigarettenvorrat gegen Scho-ka-Cola getauscht zu haben, stapfte der Scharfschütze zur Essensausgabestelle.

„Seid ihr die Essensträger für die 3./I.?" fragte er ein paar Landser, die gerade ein paar große Aluminiumessensbehälter auf einen Lastwagen luden. „Ins Schwarze getroffen, Kamerad. Du bist sicher der Scharfschütze, der uns begleiten wird, oder?", kam die prompte Antwort.

„Der bin ich. Wann geht's denn los?"

„Du hast es aber eilig", entgegnete ein älterer Obergefreiter, den Stahl vom Sehen her kannte, aber nicht wusste, wie er hieß. „Kannst es gar nicht erwarten in die Hölle zu kommen, was?"

„Wieso Hölle?"

„Du glaubst doch nicht etwa, dass der Russe tatenlos zusieht, während wir hier aufrüsten."

Einer der jüngeren Essensträger mischte sich ein. „Oder sie hauen ab! Die Russen haben doch schon lange gemerkt, dass sie gegen uns nicht ankommen", quoll es vor lauter Selbstsicherheit aus seinem Mund.

Der Alte lachte laut. „Junge, wenn ich dir sage, dass es hier einen Höllentanz geben wird, dann kannst du Gift darauf nehmen, dass es auch so kommen wird."

„Ich möchte euch nur ungern unterbrechen, aber wann geht's denn los?", wiederholte Stahl seine Frage.

„Die zwei Kisten Munition kommen noch mit rauf, dann haben wir es."

„Wollt ihr zu zweit das ganze Zeug zu den Stellungen schleppen?"

Der ältere Landser grinste Stahl erneut an. Er zog seine Mundwinkel weit nach hinten. Gelblich gefärbte Zähne schimmerten aus dem Mund. „Nein, natürlich nicht. Wir sind mit zwei Lastwagen unterwegs. Die anderen Essensträger sind schon losgefahren. Bis zum Stadtrand kommt man mit dem Lastwagen, dann geht's zu Fuß weiter."

„Und der Melder?"

„Du bist aber gut informiert", staunte der Obergefreite. „Der Melder ist mit den Kameraden schon vorausgefahren. Wir haben nur die restlichen Sachen hier aufgeladen und auf dich gewartet."

Wortlos ging Stahl nach vorn, packte eine Munitionskiste und hob sie auf die Ladefläche des Lastwagens.

„Danke für die Hilfe. Du scheinst es sehr eilig zu haben."

„Ich gehe heute zu meiner alten Gruppe. Sie liegen in der Schule in Stellung."

„Zur Schule? Du meinst das große Backsteingebäude, dicht beim Iwan?"

Der Scharfschütze nickte.

„Dann kannst du gleich an meiner Seite bleiben. Ich bringe den Jungs die Verpflegung." Er kratzte sich am Kinn, dann sprach er weiter. „Bei denen ist ein Unteroffizier, der hat mich bei deren Transport nach Woronesch ganz schön genervt. Ist ein Nichtraucher!"

„Du meinst Weidner."

„Richtig, so heißt der Kamerad. Na ja, die Geschichte von meinem Machorka-Tabak, dem starken Regen und Unteroffizier

Weidner erzähle ich dir unterwegs, dann haben wir wenigstens Gesprächsstoff für die nächste Stunde", freute sich der Lastwagenfahrer. „Welcher stumpfsinnige Befehl treibt dich eigentlich nach vorn?", setzte er neugierig nach.

„Ich soll einen Spähtrupp absichern." Stahl machte eine Pause, dann grinste auch er. „Und außerdem habe ich eine Überraschung für meine Kameraden dabei."

„Was denn?" Neugierde war dem Fahrer anzusehen.

„Der Spieß hat mir die Feldpost mitgegeben. Für vier Kameraden gibt's Grüße aus der Heimat."

Der alte Landser nickte irgendwie zufrieden. „Du bist in Ordnung, Scharfschütze. Gar nicht mal so unsympathisch wie man sich euch immer vorstellt."

„Erwin Stahl."

Der Scharfschütze streckte seine Hand aus.

„Karl Hodler, und wenn du über meinen Nachnamen lachst, kannst du zu Fuß gehen. Glaube mir, ich bin jetzt 37 Jahre alt und kenne jede Abwandlung meines Nachnamens auswendig. Also beherrsche dich!"

Stahl ignorierte die Bemerkung und wollte auf die Ladefläche steigen.

Einer der Essensträger klopfte ihm auf die Schulter. „Du kannst im Führerhaus mitfahren, ich bleibe lieber hinten", meinte er. „Ich mag den Rauch von Karl nicht besonders."

Dem Scharfschützen war das egal. Er ging um den Lastwagen herum und stieg ins Führerhaus, während Hodler und der zweite Landser noch die Plane verzurrten. Die Sonne war untergegangen und bot am westlichen Horizont ein farbenprächtiges Schauspiel. Erfahrungsgemäß wusste Stahl, dass es in spätestens einer Stunde dunkel sein würde. Zehn Minuten später rollte der Lastwagen an. Hodler schien zu Strecke gut zu kennen. Obwohl es zusehends immer finsterer wurde, und der Sichelmond nur wenig Licht spendete, fuhr der Obergefreite trotz des schwachen Tarnlichts schnell und sicher über die Rollbahn. Die Tachonadel zitterte stets zwischen 60 und 80 km/h hin und her. Im Mundwinkel des Fahrers steckte eine Papirossi. Das Führerhaus war regelrecht eingenebelt. Stahl kurbelte das Fenster herunter und wusste jetzt, warum der andere Essensträger ihm den Platz neben Hodler überlassen hatte.

„Die sind genauso gut, wie selbst gedrehte Machorka-

Zigaretten", erklärte der Obergefreite seinem Beifahrer. Danach folgte die versprochene Geschichte mit Unteroffizier Weidner.

Je näher sie an die Stadt kamen, desto unheimlicher wurde die Stimmung. Ab und zu flackerte es am Firmament grellgelb und orangerot. Leise Donner und verrieten vereinzelte Artillerieabschüsse. Schwach drangen immer wieder Salven von Gewehrschüssen herüber.

„Entweder ein entdeckter Stoßtrupp, oder ein Ari-Gruß von einer Seite zur anderen. Der Iwan und unsere Kameraden schenken uns nichts. Wenn der Russe uns nicht schlafen lässt, lassen wir ihn auch nicht ruhen", erklärte der Obergefreite.

Längst hatten sie den zweiten Lastwagen eingeholt. Beide folgten einem Kradmelder. „Immer wenn es brenzlig wird, oder sich sonst etwas an der Frontlinie getan hat, schicken sie einen Kradmelder, der die Führung übernimmt", erklärte Hodler und tat so, als ob Stahl dieses Vorgehen neu war.

Als sie den Bereitstellungsraum der Fahrzeuge erreicht hatten, staunte Stahl über die vielen Fahrzeuge. „Vor zwei Tagen waren nicht einmal vier Lastwagen hier", stieß er aus.

„Die Kameraden aus den vordersten Stellungen werden herausgelöst, die Posten zusätzlich verstärkt. Immer ein Zeichen dafür, dass es bald losgeht", bestätigte Hodler die unausgesprochene Vermutung des Scharfschützen.

„Dann hoffen wir mal, dass es unsere Seite ist, die vorwärts stürmt."

Hodler schaltete den Motor ab. „Mal den Teufel nicht an die Wand, Erwin. Ich habe in diesem Krieg schon Pferde kotzen sehen."

„Und nicht nur das", sagte Stahl, schnappte sich sein russisches Mosin Mehrladegewehr und stieg aus.

Mit klappernden Geräuschen wurden die Essensbehälter abgeladen. Ein Feldwebel machte die Runde und warnte die Essensträger. „Der Iwan ist nervös. Er ahnt, dass sich hier bald etwas rührt und feuert immer öfter mit seiner Ari in die Stadt. Passt auf euch auf, wenn ihr durch die Trümmer schleicht."

Jeder Essensträger schien seinen Zielort zu kennen. Die großen Essensbehälter aus Aluminium wurden am Rücken getragen und mit Schulter-, sowie Bauch- und Brustriemen fest an den Körper gezurrt. Zusätzlich bepackt mit Feldflaschen, Kommissbroten und Patronentaschen für das K 98, sowie Munitionskästen für die Maschinengewehre, gingen die Landser anfangs in halber Zugstärke los.

65

Nach und nach verschwanden die Essensträger in unterschiedliche Richtungen. Stahl blieb bei Hodler und dem jungem Landser, denen sich noch die Träger der MG-Munition und der Melder, der eine Nachricht für Leutnant Schmal hatte, anschlossen. Die deutschen Soldaten kamen nur langsam voran. Die russische Artillerie hatte innerhalb der letzten beiden Tage ganze Arbeit geleistet und unter anderem einige Häuser in Ruinen verwandelt, die bei Stahls letztem Besuch noch unversehrt waren. Die Straßen waren übersät von Trichtern, Trümmern und Steinen. Woronesch glich immer mehr einer Ruinenstadt. Entgegen seiner Gewohnheit, den Gruppen mit einigem Abstand nach hinten oder seitwärts versetzt zu folgen, führte der Scharfschütze die Essensträger an.

Grollende Geschütze und pfeifende Granaten untermalten die unheimliche und gefährliche Szenerie. Noch heulten die Geschosse weit über ihre Köpfe hinweg und schlugen irgendwo ein, doch je näher sich der Trupp seinem Ziel näherte, desto öfter krachte es auch in ihrer Nähe. Stahl hob die Hand und lugte um eine Hausecke. Die anderen Landser hielten an.

Einer der Essensträger wurde zappelig. Das vorsichtige Vorgehen des Scharfschützen beunruhigte ihn. Angst war ihm deutlich anzumerken. „Wir sind doch noch hinter der HKL! Warum marschieren wir nicht einfach weiter, wie die Nächte zuvor? Hier treffen wir bestimmt nicht auf …"

„Halt dein Maul!", fuhr ihn sein Nachbar unwirsch an. Es war Hodler. „Erwin ist ein erfahrener Mann. Das ist kein anderer, als der Scharfschütze, der vor einem halben Jahr den russischen Elite-Schützen ausschaltete, der elf unserer Kameraden ins Jenseits schickte!"

Staunend und ehrfürchtig musterte der junge Landser Stahl. „Woher weißt du das? Du hast die ganze Zeit nichts darüber gesagt!"

„Weil es in diesem Bataillon nur einen Gefreiten gibt, der ein russisches Mosin Mehrlade-Gewehr mit Zielfernrohr benutzt. Und das ist genau der Mann, der dem Iwan das Fürchten lehrt. Die Rotarmisten machen sich schon in die Hose, wenn sie erfahren, dass Stahl unterwegs ist."

Hodler wollte mit dieser Aussage seinen Kameraden beruhigen. Er wunderte sich selbst über seine Idee und befand sie für sehr gut.

„Ich habe nicht gewusst, dass es …"

„Schon gut. Er spricht nicht darüber, also quatsche ihn bloß nicht darauf an."

„Ich würde mich hüten", entgegnete der Soldat.

Nach einem Wink von Stahl ging es weiter. Sie überquerten eine Straße und waren gerade auf der anderen Seite angelangt, als eine Granate laut heran heulte.

„Die kommt zu uns! Alles in Deckung!", stieß Hodler aus, presste sich an Hauswand und ging in die Knie. Das Heulen des Geschoßes wurde lauter. Pfeifend flog es über die Köpfe des Trupps hinweg und schlug hinter ihnen mit ohrenbetäubendem Getöse in einem Haus ein. Die Druckwelle der Explosion zerberstete sämtliche noch intakte Fensterscheiben im näheren Umkreis. Trotz der Dunkelheit sah Hodler, dass der Soldat neben ihm kreidebleich geworden war. „Heinz, du wirst dich daran gewöhnen, glaube mir!"

Der junge Landser nickte wortlos.

„Hoffentlich haben die Iwans keine Spähtrupps unterwegs. Ich habe keine große Lust einem von denen zu begegnen", murmelte einer der Männer.

Der Melder schwieg. Er war solche Situationen gewohnt. Wachsam ließ er seine Augen durch die dunklen Straßen und Ruinen kreisen.

„Für Heinz ist es die erste brenzlige Situation seit er an der Front ist. Du könntest ruhig darauf Rücksicht nehmen", schnauzte Hodler den zweiten Träger an, der immer noch vor sich hin fluchte, während er eine zweite Granate erwartete.

„Mich macht dieser Scharfschütze nervös. Schau hin", zeigte er auf Stahl, „schon wieder ist er zwanzig Meter weiter vorn, hockt sich hin und starrt in die Nacht, anstatt flott zur Schule zu latschen", moserte er zurück.

„Was ist denn heute mit dir los? Die Russen ballern so stark mit ihrer Ari, wie schon lange nicht mehr, die Front ist alles andere als eine klar durchgezogene Linie und du schimpfst auf einen unserer besten Männer!"

„Karl, die Schule ist nur noch ein paar hundert Meter weg. Wir könnten in fünf oder zehn Minuten dort sein."

Hodler wurde merklich wütender. „Könnt, oder wollt ihr es nicht kapieren? Dieser Mann weiß was er macht. Wenn du es besser kannst als er und der Meinung bist, dass das was Stahl macht unnötig ist, bitteschön. Steh auf und lauf los!"

Der Munitionskistenträger blickte Hodler geschockt an. Auch der junge Landser hing wie gebannt an den Augen des Obergefreiten.

„Was ist? Keine Lust?", drängte Hodler.

„Hört zum Streiten auf!", fuhr der Melder dazwischen.

„Ach was", winkte der Träger ab, „wieso rege ich mich überhaupt auf? Macht doch was ihr wollt. Du bist der Ranghöchste hier und mir ist es egal, ob der Fraß warm oder kalt ankommt!"

Der Knall eines Schusses ließ die Männer verstummen. Die Ruinen verschluckten den Widerhall. Ein einzelner Schuss bedeutete Gefahr.

„Scharfschützen", hauchte einer der Landser.

Zittern. Angst. Ihre Augen suchten Stahl. Dieser glitt schnell von dem Trümmerhügel eines zerstörten Hauses hinunter, eilte geduckt um die Ruine herum und ging in Stellung. Das Warten war unerträglich. Sie kauerten an einer Wand. Keiner rührte sich. Wieder krachte ein Schuss. Diesmal lauter.

„Das war Stahl."

Ein gellendes Schreien war zu hören. Es ging durch Mark und Bein. Keine Minute später lief der junge Scharfschütze auf sie zu. Mehrere Schüsse fetzten durch die Nacht. Eine MG-Salve ratterte unsichtbar hinter der Ruine. Mündungsfeuer waren nicht zu sehen. Stahl erreichte die kleine Gruppe. Keuchend presste auch er sich an die Hauswand. „Russen. Ein kleiner Spähtrupp." Pause. Heftiges Atmen. Der Brustkorb des Landsers hob und senkte sich schnell. „Ich habe den Offizier angeschossen", berichtete er.

„Dann werden sie sich wohl zurückziehen", meinte Hodler halb bestimmend, halb fragend.

„Davon gehe ich aus. Sie sind führerlos und müssen sich um den Verletzten kümmern. Außerdem schreit der Iwan sämtliche Landser im Umkreis von zwei Kilometern wach, also müssen sie mit weiterem Feindkontakt rechnen. Ich bleibe bei meiner Annahme, dass sie sich zurückziehen!"

„Sollen wir noch warten?", fragte einer der Munitionskistenträger.

„Nein", entschied Stahl, „sie werden mir nicht nachsetzen."

„Das glaube ich auch. Die haben Angst!", war Hodlers Kommentar. „Vorwärts!"

Die Essensträger gingen weiter und näherten sich schnell der Schule. Ein letzter absichernder Halt. Noch einmal beobachtete Stahl die Gegend, dann kam sein erlösendes: „Alles in Ordnung, wir können rüber gehen!"

Hodler stieß den Scharfschützen an. „Sag mal, woher hast du gewusst, dass ein Spähtrupp der Iwans unterwegs war?"

„Ich habe es nicht gewusst, nur geahnt. Ich hatte ein mulmiges Gefühl in der Magengegend."

Die beiden anderen Essensträger wagten es nicht Stahl in die Augen zu sehen. Der junge Landser aus Ehrfurcht, der andere aus Scham. Er wusste, dass Stahl ihnen vermutlich das Leben gerettet hatte. Ohne den Scharfschützen wären sie direkt vor die Läufe der russischen Gewehre geraten.

Keiner sprach Stahl auf den angeschossenen Russen an. Die Männer wussten, dass der Gegner geschwächt werden musste. Ein verwundeter Kamerad hielt sie auf und erregte zudem Aufmerksamkeit. Beides war unangebracht. Sie mussten ihn entweder ruhig stellen und liegen lassen, oder den Spähtrupp aufgeben und ihren Kameraden zurück bringen.

Sie waren am Ziel. Endlich hatten sie das Schulgebäude erreicht und das Losungswort genannt. Freudig wurden die Essensträger empfangen.

„Eine Wohltat euch zu sehen. Mein Magen hängt bis zu den Knien durch", begrüßte Richard Bäumler den Trupp und führte sie einen zum Hof liegenden Raum.

Ein paar Hindenburglichter spendeten schummriges Licht. Die Fenster waren mit gefundenen Stofffetzen verhängt, damit kein Lichtstrahl nach draußen drang.

Während die Essensträger die Aluminiumbehälter abschnallten, erkundigte sich der Melder nach Leutnant Schmal.

„Er ist nach oben gegangen. Als ein paar Schüsse krachten, wollte der Chef nachsehen, ob man etwas erkennt. Wir haben schon mit ´nem Angriff der Iwans gerechnet", sagte der Nachrichter.

Unbemerkt hatte der Offizier den Raum betreten. Das Geklapper der Kochgeschirre hatte seine Schritte übertönt. „Ich bin Leutnant Schmal."

Der Melder salutierte, griff in seine Meldetasche und übergab dem Zugführer einen Umschlag.

Schnell öffnete Schmal die Nachricht und las die Order. Als er fertig war, hob er seinen Kopf und blickte in die Runde. Bäumler hatte gerade sein Kochgeschirr randvoll gemacht.

„Obergefreiter! Sie haben doch auch die Schüsse gehört! Warum liegen Sie nicht hinter ihrem Maschinengewehr?"

„Tschuldigung, Herr Leutnant, aber Unteroffizier Weidner hat mich kurz raus gelöst, weil ich dringend zur Toilette musste, dann kamen die Essensträger und ich dachte, dass es vernünftig ist, wenn ich meine Portion gleich mitnehme."

Der Offizier nickte. „In Ordnung."

„Das mit den Schüssen, Herr Leutnant, das waren vermutlich wir", drängte sich Hodler ins Gespräch mit ein. „Unser Kamerad Stahl hat einen russischen Spähtrupp entdeckt und einen Offizier schwer verwundet. Der Iwan musste sich aufgrund dessen zurück ziehen."

„Gratuliere, Stahl, aber leider können diese Treffer nicht auf ihre Liste kommen. Sie wissen ja, wie Abschüsse gewertet werden!"

Der Scharfschütze blickte Leutnant Schmal tief in die Augen. Es lag ihm förmlich auf der Zunge, den Offizier ironisch zum nächsten Feindgang einzuladen, damit die Abschüsse bestätigt werden konnten, doch Stahl hatte sich im Griff. Er schwieg und beließ es beim scharfen Blick.

Der Leutnant hatte seinen Fehler bemerkt. Der Scharfschütze, der vor ihm stand, war keiner von denen, die Abschüsse sammelten, sondern einer der seine Art zu kämpfen als Notwendigkeit ansah und sein Handeln uneigennützig in den Dienst seiner Kameraden stellte. „Es tut mir leid, wenn ich mich im Wort vergriffen habe", entschuldigte sich der Offizier, was für alle im Raum unverhofft kam. „Ich bin eben auch nur ein Mensch."

Stahl nickte Schmal zu. „Kein Problem, Herr Leutnant."

Nach und nach empfingen die Männer ihren Proviant und neue Munition. Die Feldpost, die Stahl für seine Kameraden mitbrachte, sorgte für gute Laune. Vier glückliche Landser saßen nach dem Essen vor ihren Hindenburglichtern und lasen. Einer von ihnen, es war Fritz Blankensen, packte sogar ein Foto aus und zeigte es stolz herum. „Das ist meine Edith. Nach dem Krieg werden wir mit Pauken und Trompeten heiraten. Ihr könnt euch jetzt schon mal als eingeladen betrachten."

Die Runde lachte. Jeder konnte das Glück des Kameraden nachvollziehen. Feldpost war immer wie ein Stück Heimat. Die Brücke nach Hause. Für Minuten befanden sich die Landser gedanklich in den Reihen ihrer Familien und Freunde.

Nachdem auch Leutnant Schmal und Unteroffizier Weidner ihre Kochgeschirre ausgelöffelt hatten wurde es wieder ernst. Schmal bot Weidner eine Zigarette an. Der Nichtraucher lehnte höflich ab.

„Wir müssen heute Nacht raus. Bis 23 Uhr verlegt die erste Kompanie in unsere Stellung. Wir sollen mit zwei Halbzügen durch die gegnerischen Stellungen sickern und Schwachpunkte finden. Das Regiment steht unmittelbar vor dem Großangriff auf die Stadt."

„Und warum trifft es schon wieder uns?"

„Weidner, das ist unerheblich. Wir sind Soldaten, erhalten Befehle und führen sie aus. Sie sind mein bester Unteroffizier. Ich möchte, dass Sie einen Halbzug führen, den anderen übernehme ich. Sie werden an die Nordflanke gehen, dort durch die feindlichen Linien sickern und sich unbedingt bis zur Fabrik vortasten. Das ist zu schaffen! Wir müssen wissen, ob dort Ari-Beobachter der Russen sitzen. Zudem benötigen wir Feststellungen über Truppenstärken und Schwere der Waffen."

„Sie meinen, ob uns Panzerkräfte und so weiter gegenüber stehen?"

„Genau! Aber Vorrang hat die Aufklärung bezüglich der Fabrik."

„Sie meinen das Werk am Ortsrand, welches vom Dachfenster aus zu sehen ist?"

„Richtig! Ich werde mit dem anderen Halbzug parallel zu Ihnen in die Stadt vordringen und versuchen Gefangene zu machen."

„Mit wem wird meine Gruppe zum Halbzug aufgestockt?"

„Mit einem der Melder, dem Sani und der Hälfte der ersten Gruppe, ohne Unteroffizier Mahlmeister. Der Nachrichtenmann bleibt bei mir. Sie haben die Leuchtpistole und die Signalpatronen?"

„Ja." Weidner zögerte etwas. Dann stellte eine Frage. „Gehört Stahl zu meiner Gruppe?"

Leutnant Schmal überlegte kurz. „Natürlich. Er ist ihr Mann."

„Wann geht es los?"

„Sobald wir herausgelöst sind."

Eine Stunde später war die Ablösung eingetroffen. Leicht mürrisch saß die Gruppe von Unteroffizier Weidner um ihn herum. Waffen, Munition und Ausrüstung wurden überprüft.

„Wieso können wir nicht die Nacht auf Posten bleiben und gegen Dämmerung zurück in die Etappe verlegen?", schimpfte Richard Bäumler. Der MG-Schütze schob seine Nahverteidigungswaffe, eine Pistole 08, in die lederne Pistolentasche und verschloss die Schlaufe. Dann nahm er die mit 50 Schuss gefüllte Gurttrommel 34 und ließ sie am Maschinengewehr einrasten. Die Waffe war einsatzbereit. Der Obergefreite prüfte abschließend die Reserveschlösser, die er als Schütze I in einer kleinen Ledertasche am Koppel trug.

„Betrachte die Sache mal anders, Richard", versuchte Weidner zu erklären, „wenn wir heute Nacht rausgehen und zur Morgendämmerung wieder zurückkehren, haben wir es geschafft. Dann waren wir ein paar Tage im Einsatz und haben unseren Beitrag geleistet. Möglicherweise sind wir beim Sturmangriff auf die Stadt als Reserve vorgesehen und müssen uns keine Kugeln um die Ohren fliegen lassen."

Bäumler stutzte. Auch die anderen Kameraden hoben nach und nach ihre Köpfe und hörten dem Unteroffizier zu.

„Was Franz sagt macht Sinn", übernahm Blankensen das Wort. „Wir füttern den Stab noch einmal mit unseren Erkenntnissen aus dem Spähtrupp, dann schlägt das Regiment zu, während wir uns hinlegen und auspennen dürfen."

„Ihr meint also, wir sind nicht die Verlierer, sondern die Gewinner?", fragte Lützmann und steckte zufrieden zwei Ersatzläufe des lMG 34 in die Laufschützer. Beiläufig prüfte er den Inhalt seiner Umhängetasche. Der Schütze II fand die Asbestlappen und eine Metallklaue, die er für einen schnellen Lauf- oder Schlosswechsel bei Hülsenreißern, oder heiß geschossenen Läufen, benötigte. Er war zufrieden.

Erwin stahl mischte sich schroff ins Gespräch ein. „Betrachte es wie du willst, aber vergiss nicht, dass dort draußen feindliche Soldaten herum streifen, die nichts anderes im Sinn haben als dich umzulegen!"

Die Worte des Scharfschützen holten die Landser wieder in die Realität zurück. Er betrachtete den Einsatz mit professioneller Nüchternheit. Es war egal, ob sie beim Sturmangriff dabei waren oder nicht. Ihr bevorstehender Auftrag war äußerst gefährlich. Sie mussten sich auf diesen konzentrieren und die Gedanken nicht anderweitig verschwenden, denn das würde nur Leichtsinn hervor rufen und dieser könnte tödlich enden.

Unteroffizier Weidner ließ ein Magazin in seine MP 38 einrasten, lud aber noch nicht durch, da die Sicherung der Schnellfeuerwaffe sehr unzuverlässig war. Eine ungewollte Schusslösung in geschlossenen Räumen konnte fatale Folgen haben. Weidner war sich dessen bewusst. „Nachdem Erwin alle auf den Boden der Tatsachen zurückgeholt hat, erkläre ich die Einzelheiten für unseren Spähtrupp."

Das Gemurmel verschwand schlagartig. Alle Augen waren ausnahmslos auf Weidner gerichtet, der auf seine Armbanduhr sah.

„In genau 13 Minuten wird unsere Ari leichtes Sperrfeuer schießen. Gleichzeitig rücken Teile der ersten Kompanie frontal vor. Scheinangriff! Wir selbst sickern an der nördlichen Flanke durch die feindlichen Reihen und erkunden das Stadtgebiet bis zur Fabrik. Leutnant Schmal übernimmt den Spähtrupp an der südlichen Flanke. Fragen?"

Keiner meldete sich.

„Abmarsch!"

Die Waffen wurden durchgeladen, es ging los. Sie verließen das Gebäude. Ohne Formation marschierten die Landser im Schutz der Häuser Richtung Norden. Pünktlich eröffnete die deutsche Artillerie das vereinbarte Sperrfeuer. Ein Obergefreiter der anderen Gruppe führte. Stahl und Weidner folgten.

„Noch fünfzig Meter, dann können wir durch. Dort sitzt kein Russe."

„Warum kennt er sich so gut aus?", fragte Stahl erstaunt nach.

„Das war zwei Tage lang sein Posten", flüsterte Weidner.

Stahl ging nach vorn. „Wie heißt du, Kamerad?"

„Wichmann", kam die kurze Antwort.

Sie gingen in Reihe und versuchten so leise, wie möglich zu sein. Ihre Nerven waren zum Zerreißen gespannt, die Waffen schussbereit.

„Ab jetzt sind wir im russischen Teil der Stadt", flüsterte Wichmann.

„Ich setzte mich von euch ab. Ich habe mich daran gewöhnt allein loszuziehen", sagte Stahl sofort. Ohne auf eine Antwort zu warten, verschwand der Gefreite im Dunkeln.

„Ich bleibe an der Spitze", schlug Wichmann vor.

Die deutsche Artillerie hatte aufgehört zu feuern. Auch die Gewehrschüsse und Maschinengewehrgarben, deren Echo durch die Straßen hallten, verstummten nach und nach. Unteroffizier Weidner wusste jetzt, dass auch Leutnant Schmal mit seinen Leuten unterwegs war.

Die Stimmung war unheimlich. Hinter jeder Ecke, hinter jedem Trümmerhaufen und in jeder Ruine konnte der Feind sitzen.

Schweißperlen bildeten sich auf der Stirn des Gruppenführers. Immer wieder orientierte er sich an den Fabrikkaminen. Wichmann machte seine Sache gut. Der Obergefreite tastete sich vorsichtig an Häusern entlang und beobachtete Straßen bevor er sie überquerte. Die Fabrik kam immer näher. Vom Gegner war nichts zu sehen. Aus Unteroffizier Weidners Sicht lief die Sache viel zu glatt. Er wurde zusehends nervöser. Plötzlich stoppte Wichmann. Er blieb an der Einmündung zur nächsten Straße stehen, hob schnell seine Hand, und ließ sie oben. Die Landser erkannten das Signal. Auf einmal sprang Wichmann hinter einen Steinhaufen und duckte sich. Die Landser pressten sich an die Hauswände. Bäumler, der hinter Weidner gegangen war, kniete sich neben seinem Gruppenführer ab.

„Wenn die Russen in diese Nebenstraße kommen, sieht es für uns schlecht aus. Wenig Deckung!"

Weidner antwortete nicht. Er hob lediglich seinen Zeigefinger an die Lippen und blickte starr nach vorn. Bäumler schwieg. Motoren waren zu hören. Ein paar Lastwagen fuhren ohne Licht im Schritttempo die Hauptstraße entlang. Als sie verschwunden waren, ging Weidner zu Wichmann vor. „Was gibt es?"

„Ich weiß es nicht genau. Die Lastwagen waren voller Infanteristen."

„Ziehen sie sich zurück?"

„Dazu fahren sie in die falsche Richtung."

Der Gruppenführer warf einen schnellen Blick auf seine Uhr. Er drehte das Handgelenk hin und her, bis das schwache Mondlicht ausreichte um die Zeigerstellung zu erkennen. „Unser Auftrag ist eindeutig. Wir müssen zur Fabrik und herausfinden, ob dort Ari-Beobachter der Iwans sitzen."

„Warum bombt unsere Luftwaffe die Fabrik nicht einfach nieder?", fragte Wichmann.

„Woher soll ich das wissen? Vielleicht brauchen wir das Werk noch. Kriegswichtig oder so!"

„Wird wohl so sein", entschied Wichmann, stand auf und ging weiter.

Weidner winkte die Gruppe zu sich nach vorn. Für einen Moment dachte er an Stahl. Der Scharfschütze war nirgends zu sehen.

„Er wird schon wissen was er macht", presste der Unteroffizier kaum hörbar aus, dann folgte er Wichmann.

Bereits nach fünfhundert Metern dröhnten erneut

Lastwagenmotoren durch die Nacht. Die Landser mussten nochmals in Deckung gehen. Schnell verschwanden sie in den Ruinen von Woronesch. Leise zählte Weidner die Lastwagen, die dicht neben seinem Versteck vorbei fuhren. „Diesmal waren es fünf."

„Weißt du was der Iwan vor hat?", fragte der neben ihm liegende Bäumler, wartete die Antwort jedoch nicht ab, sondern beantwortete seine Frage selbst. „Die Russen besetzen die Stadt. Sie bringen immer mehr Infanterie hierher!"

„Das wird Häuserkampf geben. Wenn das Regiment angreift, muss sowohl die Ari, als auch die Luftwaffe den Weg ebnen. Wenn sie es anders machen wollen, wird's ein Höllentanz!"

„Wie weit willst du noch vorrücken?"

Die Sorgen, die in dieser Frage lagen, waren unüberhörbar.

„Bis zur Fabrik! Genau wie unser Auftrag vorsieht!"

„Wenn wir ab jetzt alle paar Hundert Meter in Deckung springen, wird es Mittag bis wir bei der Fabrik ankommen", sagte Bäumler überspitzt.

„Dann lass uns losgehen! Noch können wir es schaffen."

Die Motorengeräusche wurden leiser und waren bald nicht mehr zu hören. Gerade in dem Moment, als der Gruppenführer das Kommando zum Weitergehen geben wollte, hörten die Landser Schritte. Schnell lagen sie wieder zwischen den Ruinen. Sie hielten ihre Waffen feuerbereit.

„Nicht schießen! Ich bin es! Stahl!", rief dieser halblaut. Dann erst tauchte die Silhouette des Scharfschützen auf. Er trug einen Umhang mit Tarnmuster, den er sich aus einer Zeltbahn zurechtgeschnitten hatte. Stahl suchte Weidner, sah den Unteroffizier und ging sofort zu ihm.

„Nützt das was? Ich meine hier in der Stadt?", fragte er den Scharfschützen und zeigte auf den Umhang.

„Verdeckt zumindest die Konturen! Aber ich bin aus einem anderen Grund zu euch zurückgekommen. Wenn ihr in dieser Richtung weitergeht, trefft ihr auf russische Pioniere. Sie verminen gerade die Zufahrtsstraßen zur Fabrik."

„So weit vorn warst du schon?"

„Allein kommt man schneller voran."

„Verdammt und zugenäht!", fluchte Weidner. Er schob seinen Stahlhelm etwas nach hinten und grübelte. „Warst du auch in der Fabrik?"

„Leider nicht, aber ich habe die Fenster mit meinem Zielfernrohr abgesucht."

„Und? Jetzt spann mich nicht so lange auf die Folter!"

„Es ist auf jeden Fall jemand in den oberen Stockwerken. Ich konnte Zigarettenglut sehen."

„Und die Lastwagen?"

„Der Iwan drängt nach vorn. Soviel steht fest! Ich habe gesehen wie eine Pak-Stellung aufgebaut wurde. Im Moment errichten sie Straßensperren aus Stacheldraht, Schutt, Möbel, eben alles, was sie finden können."

„Das heißt, sie richten sich auf einen harten Kampf ein", murmelte Weidner. „Es hilft nichts. Ich muss bis zur Fabrik."

„Warum, Franz? Du weißt, dass sie besetzt ist. Würdest du hingehen, wäre der ganze Spähtrupp gefährdet. Bereits jetzt ist es fraglich, ob wir beim Zurückgehen wieder durch die Linien schlüpfen können. Mit jeder Minute rollen mehr Russen in die Stadt."

Von der Straße her hallten Schritte herüber. Dazu gesellte sich das bekannte Klappern, wenn Seitengewehre gegen Blechteile der Feldflaschen, Gewehre oder Gasmaskenbehälter stoßen. Metall auf Metall. Ohne Zweifel. Truppen marschierten auf.

Alle verharrten stumm und lauschten gebannt.

„Die sind in den nächsten Straßenzug rein. Es wird eng!"

„Ich weiß, Erwin! Aber sag mal. Von deinem letzten Standpunkt aus, könntest du von dort bis zur Fabrik schießen?"

„Ja, warum?"

„Wenn wir den VB erledigen, wäre das Ari-Feuer der Russen nicht mehr so platziert!"

Stahl schüttelte den Kopf. „Das ist Irrsinn. Wir wissen ja nicht einmal, ob der Artilleriebeobachter allein ist, oder ob es sich um eine kleine Gruppe handelt. Außerdem würde ich durch den Schuss sämtliche Rotarmisten, die hier in ihren Löchern hocken, auf uns aufmerksam machen."

„Das stimmt. Hier wird's allmählich heiß", meinte Bäumler.

Unbeeindruckt untermauerte Weidner sein Anliegen. „Mit diesem Schuss würdest du eine Menge Landser-Leben retten! Die russische Ari schießt haargenau und der Hinweisgeber muss dort in der Fabrik sitzen! Selbst wenn er ersetzt wird, ist es noch lange nicht gesagt, dass sein Nachfolger so präzise Angaben machen wird, wie dieser Kerl."

„Franz! Es ist dunkel. Ich muss weiß Gott wie lange warten, bis unsere Zielperson wieder eine Zigarette raucht."

„Ich bleibe bei dir und schicke die Gruppe zurück. Ich bin dein Beobachter!"

Spätestens jetzt wusste Stahl, dass der Unteroffizier es ernst meinte. Dieser russische Artilleriebeobachter lag Weidner im Magen.

„Du spinnst, Franz! Wir bleiben zusammen. Keiner der Gruppe geht ohne euch zurück", wehrte sich Bäumler energisch und drehte sich um. „Oder, Kameraden?"

Alle stimmten Bäumler zu. Auf der Straße wurde es unruhig. Tumult! Stimmen waren zu hören. Jemand rief russische Kommandos. Schüsse krachten.

„Wichmann! Sie haben Wichmann entdeckt", entfuhr es Weidner.

Mündungsfeuer war zu sehen. Jemand hetzte über die Straße.

„Das muss Wichmann sein!"

Schnell brachte der Unteroffizier seine MP in Anschlag.

Stahl klopfte ihm auf die Schulter. „Er läuft von uns weg! Wichmann flüchtet genau in entgegengesetzte Richtung! Er möchte nicht, dass wir entdeckt werden."

Wieder krachten Schüsse. Schreie waren zu hören. Eine Handgranate explodierte. Erneut hallten Schüsse durch die Nacht. Das rattern einer Maschinenpistolensalve bildete den Abschluss der Knallerei. Lautes Gebrüll war zu hören. Dann wurde es ruhig.

„Sie haben ihn!"

Weidner ballte die Hände zu Fäusten. Wut überkam ihn.

Auch der Scharfschütze biss aus lauter Verbitterung die Zähne zusammen. „Er soll nicht umsonst gestorben sein", presste Stahl aus. Seine rechte Hand ließ er auf Weidners Schulter liegen. „Ich mache es. Ich schalte den Mann auf dem russischen Beobachtungsposten aus. Kommt mit! Wir gehen zur Fabrik, aber auf einen anderen Weg. Wir müssen weg von hier. Die Russen werden jedes Haus im Umkreis von 300 Metern durchsuchen!"

Stahl sprang auf und lief den Weg zurück, den er gekommen war. Die Gruppe Weidner folgte ihm. Schnell rannte der Scharfschütze durch zwei Hinterhöfe und kam zu einer schmalen Seitenstraße. Er hielt an und lugte ums Eck. Zufrieden drehte er sich um. „Hier können wir gefahrlos rüber. Die Nebenstraße hier macht kurz vor der Hauptstraße einen Knick. Die Russen sehen uns nicht. Bleibt dicht hinter mir!"

Wieder hastete er los. Bäumler überquerte als zweiter die Straße. Als er auf der anderen Seite ankam, drehte er sich sofort um und brachte das MG 34 in Anschlag. Das Zweibein stellte er auf ein Mauerstück. „Nur für den Fall, dass der Iwan doch schnell vorbeischaut." Das Gesicht des MG-Schützen wirkte wie versteinert.

Mann für Mann rückte nach.

„Sie kommen! Ich kann sie hören!", warnte Blankensen, der zuletzt die Straße überquert hatte.

„Weiter!"

Bäumler und er folgten den anderen. Noch waren die russischen Soldaten nicht zu sehen.

„Ich bewundere dein Ortsgedächtnis", stieß Weidner aus, der im Laufschritt Stahl hinterher hetzte. Sie erklommen einen kleineren Schuttberg. Oben auf lag eine dicke Holzbohle. Ausgelegt, wie eine Brücke, führte sie in den ersten Stock eines Ruinenhauses. „Geht vorsichtig", war Stahls einziger Kommentar, „ich wäre vorhin fast abgerutscht. Ist zwar nicht tief, kann aber trotzdem gefährlich werden. Wer weiß wie viele Scherben und rostige Nägel dort unten liegen!"

Stahl wartete auf Blankensen, der immer noch letzter Mann war. „Pack mit an. Wir ziehen das Holzbrett rein. Hier gibt es keinen anderen Zugang. Alles verschüttet!"

„Du meinst, wenn der Iwan zum Haus kommt, kann er nicht rein?"

„Und er wird denken, dass auch wir nicht hier sind."

„Hast du von hier aus zur Fabrik sehen können?", wollte Weidner wissen.

„Ja, oben vom Dachgeschoß aus."

„Was ist, wenn du von hier aus schießen würdest? Könnte uns dein Mündungsfeuer verraten?"

„Alles der Reihe nach, Franz. Zuerst möchte ich abwarten, ob die Russen uns weiterhin suchen, oder ob sie sich von uns wegbewegen. Außerdem überlege ich die ganze Zeit, ob ich die Straßenseite wechseln und von dort schießen soll."

Bäumler kam hinzu. „Ich fühle mich gar nicht wohl in meiner Haut. Irgendwie bekomme ich das Gefühl nicht los, dass wir vom Feind umzingelt sind und nicht mehr raus kommen."

„Ruhe!", wurde durch die Reihen der Landser geflüstert. Schlagartig verstummten alle. Jeder saß in einem dunklen Winkel. Stahl und Weidner konnten von ihrem Platz aus durch einen Riss im Mauerwerk nach draußen sehen, ohne von dort gesehen zu werden. Weidner hob warnend die Hand. Gefahr. Die Rotarmisten waren vor der Ruine. Schritte und herabrollender Schutt waren zu hören. Jemand fluchte. Weitere Stimmen mischten sich hinzu. Schließlich sahen sie schemenhafte Schatten. Fünf oder sechs russische Infanteristen bestiegen den Schutthügel und sahen sich um. Einer der Russen zischte einen Befehl, woraufhin das permanente Gemurmel eingestellt wurde. Die sowjetischen Soldaten lauschten. Taschenlampenlicht wurde angeschaltet. Der Lichtkegel war zum Ausleuchten der Ruine, in der sich die Landser versteckten, zu jedoch schwach. Die deutschen Soldaten wagten kaum zu atmen. Bewegungslos harrten sie der Dinge und hofften, nicht entdeckt zu werden. Ihr Adrenalin-Spiegel erreichte seinen Höhepunkt, als ein russischer Soldat versuchte in der ersten Stock der Ruine zu klettern. Von Weidners Stirn tropfte Schweiß. Der Unteroffizier legte den rechten Zeigefinger an den Abzug der MP 38. Es kratzte an der Hauswand. Das Loch in der Wand, durch das die Landser die Ruine betraten, lag im schimmernden Schein der Taschenlampe. Ein lauter Fluch wurde ausgestoßen. Zeitgleich war ein Plumpsen zu hören. Nach einem dumpfen Aufschlag folgte eine Schimpfkanonade. Der Lichtkegel verschwand, die Schritte bewegten sich weg vom Haus und wurden leiser. Aufatmen.

„Sie sind weg", flüsterte Weidner Stahl leise zu.

„Psst!", forderte dieser seinen Kameraden weiterhin zur Ruhe auf, „Sie gehen ins gegenüberliegende Haus."

Weidner versuchte etwas zu erkennen. Tatsächlich sah er, wie benachbarten Gebäude Taschenlampenlicht von Stockwerk zu Stockwerk wanderte. Die Rotarmisten durchsuchten tatsächlich alle Häuser und Hinterhöfe. Erst eine gute Stunde später war der spukt vorbei, die Russen weiter gegangen.

„Junge, ich hatte so viel Angst wie noch nie zuvor im Leben", keuchte Lützmann.

Reich und Gerstner war die Anspannung ebenfalls anzusehen. „Ging wohl jedem so."

„Und ich hätte fast in die Hosen gemacht", schimpfte Bäumler und suchte sich ein stilles Örtchen.

„Ich geh mal in das Dachgeschoß. Vielleicht kann ich etwas mehr erkennen", schlug Stahl vor. Weidner war einverstanden. Er setzte sich auf den verstaubten Fußboden und schraubte seine

Feldflasche auf, die mit kaltem Kaffee gefüllt war. Genüsslich nahm er einen großen Schluck. Dann versuchte der Unteroffizier im Dunkeln die Uhrzeit zu erkennen.

„3.25 Uhr", flüsterte ihm Blankensen zu. „Meine Uhr hat Leuchtzeiger."

Für Weidner ein Schock. Selbst wenn sie sofort aufbrächen, um zu ihren Stellungen zurück zu kommen, würden sie es nicht vorm Hellwerden schaffen. Im Kopf des Gruppenführers begann es zu arbeiten.

Stahl erreichte den Dachboden. Die Hälfte des Daches fehlte, sodass er sich auf den Bauch legte und zum Rand kroch. Die Aussicht war gut. Am Ende der Straße befanden sich immer noch jede Menge Rotarmisten. Zwei Querstraßen weiter fuhren Lastwagen. In den Hinterhöfen Anwesen drehten die russischen Soldaten jeden Stein um. Der Scharfschütze nahm sein Gewehr in Anschlag und blickte durch die Zieloptik. Er suchte die oberen Stockwerke der Fabrik ab, konnte aber nichts erkennen. „Vermutlich pennst du gerade", flüsterte er leise vor sich hin.

Stahl zog das Gewehr zurück und begab sich wieder nach unten. Erwartungsvoll sah ihn Unteroffizier Weidner an. „Und?"

„Wir kommen hier nicht raus! Nicht in dieser Nacht! Auf den Straßen und in den Hinterhöfen wimmelt es nur so von Rotarmisten."

„In einer Stunde dämmert es", antwortete Weidner. „Kameraden, es sieht so aus, als müssten wir den Tag hier verbringen und nächste Nacht versuchen zurück zu gehen. Jetzt ist es zu gefährlich!"

„Du meinst, wir müssen den ganzen Tag in dieser Ruine verbringen?", entfuhr es Bäumler.

„So sieht es aus! Hat jemand einen besseren Vorschlag? Was meinst du Richard?", sprach Weidner den MG-Schützen an.

Dieser verzog das Gesicht und sah nach draußen. „Verflixt und zugenäht! Sieht so aus, als hättest du Recht. Ich habe keine große Lust, mich mit ´ner Armee von Iwans anzulegen."

„Was ist, wenn der Angriff losgeht?", intervenierte Lützmann und zückte eine Schachtel Zigaretten.

Bevor Weidner etwas sagen konnte, stieß ihn Bäumler in die Seite. „Karl, bist du Lebensmüde? Wenn auch nur ein Russe deine Glut sieht oder Zigarettenrauch aus der Ruine riecht, holen sie uns raus!"

Betreten vor sich hin schauend, steckte der MG-Schütze II die

Zigaretten wieder weg.

„Ich glaube nicht, dass sie in den nächsten 24 Stunden angreifen", versuchte Weidner zu beruhigen. Allerdings hegte der Unteroffizier selbst so viel Zweifel an seiner Aussage, dass die gewohnte Sicherheit in seiner Stimmlage fehlte.

„Du hoffst es!", verbesserte Blankensen.

Weidner nickte kaum merklich. „Kein Mensch konnte ahnen, dass wir in einen Aufzug der russischen Streitkräfte geraten. Das unser Auftrag nicht ungefährlich war, wussten wir, aber so etwas …", Weidner deutete nach draußen, „… ist mir noch nie passiert."

„Mach dir keine Vorwürfe, Franz. Dafür können wir nichts."

„Der arme Wichmann", meldete sich jetzt ein Gefreiter aus Wichmanns Gruppe zu Wort. „Er war so ein feiner Kerl. Er hat sich für uns geopfert. Sein Tod soll nicht umsonst gewesen sein. Ich stimme eurem Unteroffizier zu. Es ist wohl am besten, wir bleiben hier und versuchen uns morgen Nacht durchzuschlagen. Der Russe wird nach vorn absichern, daher garantiert keine Landser in seinem Rücken vermuten. Das verschafft uns einen Vorteil!"

„Aus der Sicht habe ich das noch gar nicht betrachtet", lächelte Bäumler.

„Leuchtet mir ein", bestätigte auch Blankensen.

„Unsere Führung wird keinen Angriff befehlen, solange wir vermisst sind. Sie werden sicherlich noch abwarten."

„Was Stahl gerade gesagt hat ist plausibel. Ich habe die Signalpistole nicht benutzt. Rot – Rot war für den Notfall vereinbart", brachte Weidner zum Ausdruck.

„Gut, du hättest theoretisch auch fallen oder in Gefangenschaft geraten können", konterte Lützmann.

Die Zeit schritt voran. Es dämmerte bereits.

„Ihr könnt eure Beiträge sparen. Es wird hell. Jetzt zurück zu gehen wäre glatter Selbstmord. Ich verziehe mich aufs Dach und ihr solltet zusehen, dass ihr ´ne Mütze voll Schlaf bekommt", beendete Stahl die Diskussion und stand auf.

„Drei Mann halten Wache. Alle vier Stunden ist Wechsel, ich übernehme die erste Schicht. Sucht euch ein ruhiges Eck."

„Wo sollen wir zum Austreten hingehen?", erkundigte sich Stolzenberg, der bislang zu allem geschwiegen hatte.

„Ich zeige dir wo ich war. Dort sollten alle hingehen. So halten wir die anderen Räumlichkeiten sauber. Schließlich müssen wir den

81

ganzen Tag hier aushalten", bot Bäumler an.

Die Landser suchten sich einen Platz zum Schlafen. Stolzenberg, Bäumler und Weidner übernahmen die erste Wache. Stahl hatte sich von der Gruppe abgesondert und bezog Stellung auf dem Dach. Er fühlte sich allein wohler.

Leutnant Schmal wartete nach seiner Rückkehr noch bis 7.30 Uhr. „Herr Leutnant, sie kommen nicht mehr", sagte Unteroffizier Mahlmeister, der neben seinem Zugführer stand.

„Ich begreife das nicht. Glauben Sie, dass Weidner und seine Gruppe dem Iwan in die Hände gefallen sind?"

„Ich habe mich bei den vordersten Posten umgehört. Von einem größerem Gefecht hat niemand etwas mitbekommen."

„Weidner hat auch keine Notsignale abgeschossen", fügte der Offizier an, „wo stecken die Männer nur?" Leutnant Schmal verfluchte sich dafür, dem Unteroffizier statt dem Nachrichtenmann, den Sani mitgegeben zu haben.

„Und jetzt?", Mahlmeister sah Schmal fragend an.

„Jetzt gehe ich zu Hauptmann Lottner und erstatte persönlich Bericht. Er muss entscheiden, was weiter geschieht."

Der Halbzug von Leutnant Schmal verlegte zurück in den Bereitschaftsraum. Dort stiegen sie auf die wartenden Opel-Blitz. Auf den Pritschen der Lastwagen fielen dem einen oder anderen Landser die Augen zu. Die Strapazen der letzten Tage mit dem abschließenden nächtlichen Spähtrupp waren zu viel. Nur der Zugführer saß hellwach neben dem Fahrer des Mannschaftstransporters und grübelte über das Schicksal von Unteroffizier Weidner und dessen Gruppe nach. Als sie den Don erreichten, mussten die Lastwagen halten. Truppen rollten über den Strom der Stadt entgegen. Leutnant Schmal betrachtete die Panzerjäger, die gerade den breiten Fluss überquerten und beschloss sich sofort zum Kompaniegefechtsstand zu begeben.

„Ich muss unbedingt zu Hauptmann Lottner. Können Sie mich hinfahren?"

Das letzte Fahrzeug mit angehängter Pak hatte die Brücke verlassen, der Fahrer des Lastwagens startete den Motor und rollte an. „Überhaupt kein Problem, Herr Leutnant. Liegt fast auf dem Weg."

Wenig später hielt der Opel-Blitz an und Schmal stieg aus. Die letzten Meter legte der Offizier zu Fuß zurück. Die Müdigkeit hatte auch ihn fast übermannt und er wollte durch das Gehen wieder etwas wacher werden. Der Kübelwagen des Hauptmanns stand vorm Kompaniegefechtsstand. Lottner wollte gerade einsteigen, als er von Leutnant Schmal gerufen wurde.

„Herr Hauptmann, warten Sie."

Lottner blickte kurz nach hinten. „Leutnant Schmal! Sie waren doch heute Nacht auf Spähtrupp. Weshalb haben sie fernmündlich noch keinen Bericht abgegeben? Wir warten schon sehnsüchtig darauf!"

Schnell waren vom Zugführer die Ereignisse der Nacht berichtet. Lottner verzog das Gesicht. „Eine verstärkte Gruppe ist vermisst. Üble Sache!" Der Kompanieführer war sichtlich betroffen. „Und Sie sagten, dass keine Signalpatronen abgeschossen wurden?"

Schmal schüttelte den Kopf. „Nichts. Keine einzige Signal- oder Leuchtpatrone flog in den Himmel."

„Haben Sie die vordersten Posten befragt, ob sie größere Feuergefechte mitbekommen haben?"

„Habe ich, Herr Hauptmann. Niemand hat etwas gehört oder gesehen. Nur einer der Posten glaubte, von weitem ein paar wenige Schüsse und eine kleine Detonation vernommen zu haben."

„Was glauben Sie? Gerieten unsere Männer in Gefangenschaft?"

„Es ist möglich, Herr Hauptmann, aber es ist genauso möglich, dass sie sich irgendwo verkrochen haben. Wie bereits mitgeteilt, hat die Rote Armee ihre Truppen in der Stadt verstärkt. Überall wimmelte es von Infanterie. Ist schon bekannt, für wann der Angriff festgesetzt ist?"

Lottner sah auf die Uhr. „Ich muss zum Bataillonsgefechtsstand. Dort erfahre ich Näheres. Major von Stresselberg stand permanent mit dem Regiment in Verbindung."

„Was machen wir bezüglich der Gruppe Weidner?"

„Ich bespreche mich mit dem Bataillonsführer und teile Ihnen die Entscheidung nach meiner Rückkehr mit. So lange passiert erst mal gar nichts. Sorgen Sie dafür, dass die Posten bescheid wissen. Sollte sich jemand aus der Gruppe unseren Stellungen nähern, ist sofort Feuerschutz zu gewährleisten, gegebenenfalls ein Gegenstoß gegen etwaige Verfolger einzuleiten!" Lottner öffnete die Tür des Kübels. Er blieb stehen, sah kurz mit starrem Blick vor sich hin und schlug die Fahrzeugtür wieder zu. „Oder warten Sie. Es ist wohl besser ich mache das selbst. Sehen Sie zu, dass sie sich ausschlafen. Sie kippen mir sonst noch um."

„Zu Befehl", antwortete Leutnant Schmal.

„Steigen Sie in den Kübel, mein Fahrer bringt Sie zu Ihrer Unterkunft."

„Danke, Herr Hauptmann."

Lottner öffnete die Tür des Kübelwagens zum zweiten Mal. „Kretschmar, bringen Sie Leutnant Schmal zu dessen Unterkunft. Anschließend holen Sie mich hier wieder ab."

Der Landser hinter dem Lenkrad nickte, Schmal stieg ein und sie fuhren los. Hauptmann Lottner stapfte zurück in den Gefechtsstand.

Gegen Mittag konnte keiner der Landser mehr schlafen. Die Sonne stand hell am Himmel und es war ein sommerlich warmer Tag. Als Weidner die Augen öffnete, saßen seine Kameraden beieinander und unterhielten sich leise. Der Unteroffizier war sofort hellwach. „Ich hoffe, ihr habt euch umgesehen, ob keine Iwans vor der Tür stehen!"

„Keine Sorge, Franz", flüsterte Bäumler und schmierte etwas Schweineschmalz aus der Dose auf eine Scheibe Kommissbrot. „Sowohl vorn, als auch hinten hockt jemand von uns und passt auf. Stahl hat wirklich die einzige Ruine für entdeckt, die als Versteck etwas taugt."

Beruhigt stand Weidner auf, streckte sich und klopfte etwas Staub von seiner Uniform. „Da stimme ich dir uneingeschränkt zu. Du hast ja bei der ersten Wache heute Morgen selbst miterlebt wie sie kategorisch jedes Haus durchsucht haben. Bis auf dieses hier!"

„Was glaubst du? Gehen die davon aus, dass Wichmann allein unterwegs war?"

Weidner runzelte nachdenklich die Stirn. „Das müssen sie fast. Das ganze Viertel hier wurde durchkämmt."

„Am Ende kommen sie noch einmal zu diesem Haus zurück …", äußerte Bäumler und biss in das Schmalzbrot. Kauend sprach er weiter. „… es ist schließlich die einzige Ruine, in die sie noch nicht hineingeschaut haben."

„Ist wohl besser, du isst und hältst die Klappe. Du machst alle nur nervöser, als sie ohnehin sind", war Weidners schroffer Kommentar. Der Unteroffizier schraubte seine Feldflasche auf und nahm einen Schluck kalten Kaffee. Dann schüttelte er die Flasche leicht, um festzustellen, wie viel Kaffee er noch übrig hatte. „Halbvoll", sagte er zufrieden und sah auf die Uhr. „Jedenfalls läuft der Angriff noch nicht. Sonst hätte unsere Ari schon losgedonnert", sagte er dann zu seinen Männern.

„Hauptmann Lottner wird uns hier rausholen", brachte Blankensen überzeugt ein.

„Träum weiter, Fritz!", lachte Bäumler. Er hatte den Bissen gerade hinuntergeschluckt und hob das Schmalzbrot wieder zu seinem Mund. „Die Wehrmacht wird garantiert keinen Angriff verschieben, um auf eine kleine Gruppe zu warten. Außerdem wissen die gar nicht, ob wir leben oder Tod sind."

„Du meinst, ob wir uns verkrochen haben, oder uns der Russe einkassiert hat!", verbesserte Schuhmann, der Sanitäter.

Bäumler biss nicht ab. Die Hand mit dem Brot in der Hand verharrte kurz vor dem Mund. Der Soldat stutzte. „Du glaubst doch nicht etwa, dass unsere Kameraden hinter der HKL denken, wir wären in Gefangenschaft geraten und legen los? Du weißt schon. Angriff mit Pauken und Trompeten. Mit allem, was wir haben!"

„Ich habe mir in diesem Krieg das Denken abgewöhnt. Letzten Winter dachte ich nämlich noch, dass es nicht sein kann, dass wir ohne Winterausrüstung und mit eingefrorenen Waffen und Fahrzeugen im Stich gelassen werden. Und wie war es?"

Weidner griff ein. „Streiten hilft nichts. Und du …", er sah den Sanitätsgefreiten an, „… passt besser auf, was du sagst. Mit deinem Mannschaftsdienstgrad steht es dir nicht zu, unsere Führung zu kritisieren! Ein falsches Wort am falschen Ort und du weißt, was dir blühen kann!"

„Ich sagte ja …", wiederholte Schuhmann, „… ich habe mir das Denken abgewöhnt und befolge nur noch Befehle. Auf ein Militärgefängnis habe ich keine Lust."

„Militärgefängnis? Du vergisst, dass wir uns im Krieg befinden. Vorm Sommer `39 wärst du für so einen Spruch nach Germersheim oder sonst einen Bau gekommen, aber mitten im Krieg wird man gewöhnlich wegen Wehrkraftzersetzung in ein Strafbataillon versetzt, wenn nicht gleich standrechtlich erschossen", klärte Weidner auf.

Schuhmann wurde blass. „Daran habe ich gar nicht gedacht."

„Die Nerven von jedem Einzelnen liegen blank. Wir müssen Ruhe bewahren und abwarten. Nur mit vollster Konzentration schaffen wir es", mischte sich Stahl ein.

Alle sahen sich erschrocken um. Der Scharfschütze stand plötzlich da und niemand hatte ihn kommen hören.

„Bist du ein Geist?", entfuhr es Bäumler. „Du hast mich ganz schön erschreckt.“

„Mich ebenfalls“, bestätigte Weidner.

Auch Schuhmann nickte zustimmend.

„Da seht ihr wieder mal, dass ihr euch heißgeredet habt, statt ruhig zu sein. Ich konnte das Gestreite bis zum Dach hoch hören. Wenn Russen in der Nähe gewesen wären, wüssten die jetzt, wo wir sind.“

Betroffen sahen sich Weidner, Bäumler und der Sani an. „Was das wirklich so laut?“, fragte der Unteroffizier leicht beschämt nach.

Stahl schüttelte den Kopf. „Gott sei dank noch nicht. Ich habe ein bisschen geflunkert. Ich muss austreten und kam deshalb herunter, aber so ein Streitgespräch kann ganz schnell lauter werden, als einem lieb ist“, antwortete der Gefreite.

„Also Kameraden, ab jetzt herrscht vollkommene Ruhe.“

„Geht klar!“

„Erwin!“ sprach der Unteroffizier den Scharfschützen an.

Stahl blieb stehen und wendete sich noch einmal um.

„Hast du den VB jetzt ausmachen können? Ich meine wegen dem Tageslicht.“

„Es sind zwei Mann. Einer mit Fernglas, einer am Funkgerät. Fenster und Stockwerk waren mit dem Raucher, den ich gesehen habe, identisch.“

„Bleibst du bei deinem Plan vom Nachbarhaus aus zu schießen?“

„Ich habe es mir von oben aus angesehen. Sieht schlecht aus. So eine gute Schussposition wie von hier oben …“, Stahl deutete mit dem Zeigefinger an die Decke, „… habe ich nirgends.“

„Und jetzt?“

„Aus dem Bauch heraus handeln!“

„Und was sagt dein Bauch im Moment?“

Der Scharfschütze rieb mit der linken Hand kreisförmig über seinen Bauch. „Im Moment sagt er, dass ich Hunger habe“, kam die trockene Antwort.

„Lass die blöden Witze, Erwin. Im Ernst. Was schlägst du vor?“

„Ich werde in der Dämmerung schießen. Das Licht müsste für ein oder zwei präzise Schüsse ausreichen. Den ersten Schuss werden sie nicht zurückverfolgen können. Wenn ich beim zweiten Schuss schnell genug bin, sind beide Ari-Beobachter erledigt, ohne dass jemand das Mündungsfeuer gesehen hat."

„Was allerdings nicht ausschließt, dass es auch gesehen werden kann!"

Stahl nickte. „In der Regel gibst du aus einer Stellung nur einen Schuss ab, dann wechselst du den Ort. Ab dem zweiten Schuss läufst du Gefahr entdeckt zu werden." Stahl machte eine Pause. „Wir wissen nicht, ob russische Scharfschützen in den Häusern rund um die Fabrik postiert sind", fuhr er fort.

„Hier hinten? Wozu denn das?"

„Für den Fall, dass unsere Kameraden angreifen und bis hierher vorrücken, oder warum sollten die Russen sonst eine Pak-Stellung in der Nähe der Fabrik aufbauen?"

Betretenes Schweigen. Alles war ungewiss und gefährlich.

„In Ordnung. Du gehst wieder aufs Dach und vielleicht kannst du ja durch deine Optik sehen, ob sich irgendwo ein russischer Scharfschütze versteckt hält. Im Moment würde er sich sicherlich nicht einsatzmäßig verhalten." Der Unteroffizier wendete sich nun den anderen Landsern zu. „Und wir beratschlagen bis zur Dämmerung, wie wir uns zurückschlagen, denn eines dürfte jedem klar sein. Ein Sonntagsspaziergang wird es nicht."

„Alles klar", sagte Stahl und ging wieder nach oben. Auf dem Dachboden angelangt, kroch der Gefreite wieder in seine Stellung. Noch in der Dunkelheit hatte er sein Versteck mit alten Kisten und abgebrochenen Dachlatten verstellt. Er war gut getarnt, hatte sowohl beste Sicht zur Fabrik, als auch auf einen großen Teil der umliegenden Häuser und Straßen.

„Franz, wenn unsere Kameraden die Stadt angreifen und bis zu uns vorrücken, warum warten wir dann nicht einfach hier?"

Unteroffizier Weidner schnaufte tief ein.

„Die Frage von Lützmann ist gar nicht so verkehrt", meinte Stolzenberg, der von Bäumler als Wache abgelöst worden war. Der Landser setzte sich neben Lützmann und kramte in seinem Brotbeutel. Zufrieden zog er eine trockene Scheibe Kommissbrot und eine Dose Leberwurst heraus.

„Weil wir dann höchste Gefahr laufen, von unseren eigenen Waffen getötet zu werden. Vielleicht kommt die Luftwaffe, sicher ist aber, dass unsere Ari donnert, bevor es losgeht. Die haben keine Ahnung, wo wir sitzen. Dann rollen mit höchster Wahrscheinlichkeit Panzer und Sturmgeschütze vor. Die Kameraden ballern in die Häuser, wenn sie Soldaten darin vermuten. Und zudem ist es unsere …"

„Ich habe es schon kapiert. Hier bleiben ist noch gefährlicher, als zurück zu gehen."

„Daran gibt es auch nichts zu zweifeln."

„Psst. Ruhe. Der Iwan ist vorn auf der Straße", warnte Bäumler.

Jeder verzog sich wieder in ein nicht einsehbares Eck. Lediglich Weidner ging lautlos zu Bäumler, der seitlich, so dass er nicht gesehen werden konnte, aus einem Fenster lugte. Motorenlärm war zu hören. Ketten rasselten über die Fahrbahn. Ein T-34 fuhr langsam durch die Straße. Etwa sechs oder acht Infanteristen saßen auf seinem Heck.

„Wie im Kampfeinsatz", flüsterte Bäumler leise. „Was haben die vor?"

„Keine Ahnung! Ich hoffe nur, die wollen nicht Haus für Haus niederwalzen."

Leutnant Schmal schlief unruhig. Er sorgte sich zu viel um seine Männer, als dass er im Schlaf Erholung fand. Mit dem Gefühl gerädert worden zu sein, stand der Offizier knappen vier Stunden Schlaf wieder auf. Nachdem er sich gewaschen und rasiert hatte, fühlte sich der Zugführer schon wohler. Wie würde es Weidner und seiner Gruppe gehen? Dieser Gedanke trieb Schmal wieder zum Kompaniegefechtsstand.

„Tut mir außerordentlich leid, Herr Leutnant, aber Hauptmann Lottner ist immer noch nicht zurück", gab Gürtmann, der Spieß, Auskunft.

„Ist Ihnen zufällig etwas aus den vordersten Stellungen gemeldet worden? Kam jemand zurück?"

Gürtmann schüttelte mit dem Kopf. „Nichts, Herr Leutnant. Mit Verlaub, Sie sehen aus, als ob Sie einen kräftigen Kaffee vertragen könnten. Ich habe zufällig noch ´ne halbe Kanne übrig. Wie wäre es mit ´ner heißen Tasse Frischmacher?"

„Die nehme ich sehr gern an."

Der Spieß zauberte aus einer Schublade eine Tasse, griff zu einer Kanne, die leicht dampfend neben ihm auf dem Schreibtisch stand und schenkte Kaffee ein. „Bei Milch muss ich passen, Zucker kann ich anbieten", sagte er freundlich.

„Nein danke. Schwarz wie die Nacht muss er sein. Dann schmeckt er am besten", antwortete Leutnant Schmal, griff nach der ihm gereichte Tasse und nahm einen kräftigen Schluck des braunen Getränks. „Ahh", stöhnte er genussvoll, als der warme Kaffee seine Kehle hinab rann. „Das tut gut. Genau nach meinem Geschmack."

„Da bin ich aber froh, die meisten Kameraden, die meinen Kaffee probieren, verziehen das Gesicht."

Leutnant Schmal grinste. Er griff an seine Brusttasche und zog ein Zigarettenetui heraus. Die Kaffeetasse wurde abgestellt, das Etui aufgeklappt. „Jetzt spendiere ich etwas. Möchten Sie eine?", fragte er den Oberfeldwebel mit den Kolbenringen an den Uniformärmeln.

Dieser nahm dankend an. „Rauchen wir lieber draußen. Der Alte mag es nicht gern, wenn hier im Büro geraucht wird", sagte Gürtmann.

Beide gingen vor die Tür und standen rauchend, eine Tasse dampfenden Kaffee in der Hand haltend, vor dem Kompaniegefechtsstand.

Die Besprechung im Bataillonsgefechtsstand war beendet. Hauptmann Lottner wartete wie vereinbart auf Major von Stresselberg. Der Kompanieführer rauchte die zweite Zigarette innerhalb einer Viertelstunde und ging nervös auf und ab, bis er endlich den Bataillonskommandeur auf sich zukommen sah. „Hauptmann Lottner, ich habe mit dem Oberst gesprochen", rief ihm der Major entgegen.

Lottner wusste, dass der Regimentskommandeur gemeint war. Hoffnungsvoll hob er den Kopf.

„Wie bereits bekannt gegeben wurde, beginnt der Angriff auf Woronesch um 4 Uhr mit Artilleriebeschuss. Sollte ihr Spähtrupp bis dahin zurück sein, erbitte ich umgehend Bericht. Möglicherweise gibt es dann ja neue Erkenntnisse, die für den Arko wichtig sind. Sollte die Gruppe des Unteroffiziers, wie hieß er doch gleich …"

„Weidner, Herr Major", half Lottner nach.

„Richtig. Sollte die Gruppe Weidner bis dahin noch nicht zurück sein, so sehe ich ehrlicherweise auch keine Hoffnung mehr. Vermutlich sind sie dann in die Hände der Rotarmisten gefallen."

„Was ist, wenn wir ein Notsignal bekommen?"

Der Major sah den Kompanieführer mit strengem Blick an. „Keine Frage! Sollte das Signal kommen, werden wir mit allen Mitteln versuchen, unsere Leute rauszuholen."

„Das heißt, ungeachtet der Stürmung von Woronesch, kann ich einen Gegenstoß befehlen?"

„Ja, allerdings nur mit ihren eigenen Kräften. Wie Sie bereits wissen, ist Ihre Kompanie sowieso als Reserve vorgesehen. Sollten Notsignale abgegeben werden, greifen Sie an und stoßen direkt zu unseren Soldaten vor.“

„Danke, Herr Major. Nichts zu danken, Hauptmann Lottner. Unser Regimentskommandeur hat wörtlich gesagt, dass wir keinen einzigen deutschen Soldaten in Feindeshand belassen, wenn wir auch nur den Hauch einer Möglichkeit zur Befreiung haben!“

Zufrieden mit der Rückendeckung seiner Vorgesetzten, fuhr der Chef der 3. Kompanie des I./8. zurück zu seinem Gefechtsstand. Die Rollbahn zur Front war überfüllt. Permanent wurden Fahrzeuge, Schützenpanzerwagen, Sturmgeschütze und Panzer nach vorn gebracht. Neben der 3. Infanterie-Division, war noch die 16. Infanterie-Division nach Woronesch beordert worden. Die Eroberung der Industriestadt war ein Bestandteil der Operation ‚Blau', die letztendlich die Einnahme des Kaukasus mit seinen Ölfeldern zum Ziel hatte.

„Drücken Sie drauf, Kretschmar, Leutnant Schmal wartet sicher schon, außerdem bin ich brennend interessiert, ob es Neuigkeiten der vermissten Gruppe gibt.“

„Wie Sie wünschen, Herr Hauptmann, dann halten Sie sich mal fest“, erwiderte der Obergefreite, schwenkte nach rechts aus und fuhr dicht neben der Straße über die angrenzende, unbefestigte Steppenlandschaft. Teilweise war die Sicht durch den aufgewirbelten Staub der vorrückenden deutschen Truppenfahrzeuge so dicht, dass Kretschmar die Fahrbahn mehr erahnte, als sie sah. Ab und zu hob der Kübelwagen mit allen vier Rädern vom Boden ab, um Sekundenbruchteile später wieder auf der Erde zu landen. Während sich Kretschmar am Lenkrad festkrallte, suchte der Kompanieführer Halt, wo er ihn gerade fand. Mal vorn am Armaturenbrett, dann wieder am Sitz. Erst als der Obergefreite das geländegängige Fahrzeug wieder auf die einigermaßen befestigte Straße lenkte, atmete der Hauptmann auf. „Kretschmar, ich weiß ja, dass Sie ein ausgezeichneter Fahrer sind, aber wenn Sie mich umbringen wollen, müssen so eine Fahrt nur noch einmal wiederholen“, scherzte der Offizier.

„Keine Sorge, Herr Hauptmann“, antwortete Kretschmar, „ich habe genauso viele blaue Flecken abbekommen, wie Sie.“

„Sie flunkern doch, oder?“

Kretschmar lachte. „Würde ich mir niemals erlauben, Herr Hauptmann.“

„Wenn es jetzt wieder normal weiter geht, vergesse ich den Anschlag auf meine Gesundheit."

„Ist immer so, Herr Hauptmann, wenn man blitzartig irgendwohin möchte, muss man ab und zu durch ein Gewitter fahren und somit Blitz und Donner in Kauf nehmen! Ist ´ne alte Fahrerweisheit!"

Der war Kompanieführer sichtlich gut gelaunt. Die lockere Art seines Fahrers gefiel ihm. Außerdem war er mit den Fahrkünsten des Obergefreiten sehr zufrieden. „Sagen Sie mal, Kretschmar, was sind Sie eigentlich im Zivilleben von Beruf?"

Ein breites Grinsen wanderte ins Gesicht des Soldaten. „Ich mache fast das gleiche, wie hier. Ich bin Taxifahrer!"

„Lassen Sie mich raten. In Berlin?"

„Falsch. Ich bin zwar dort aufgewachsen, aber dann mit meinen Eltern nach Frankfurt umgezogen. Als ich dann zum Barras eingezogen wurde, kam ich glücklicherweise gleich zur 3. Infanterie-Division, die ja dort stationiert ist", antwortete Kretschmar. „Oder war", verbesserte er sich selbst.

„Absolut heimatverbunden, was Kretschmar?"

„Dort fühle ich mich einfach wohl!"

Als sie ein paar Kilometer später am Kompaniegefechtsstand ankamen, wartete Leutnant Schmal schon ungeduldig auf die Rückkehr des Hauptmanns.

Lottner stieg aus. „Kretschmar, tanken Sie voll, dann können Sie Pause machen. Halten Sie sich aber für heute Abend bereit."

„Danke", verabschiedete sich der Fahrer, „dann werde ich mal ein paar Kameraden besuchen. Ich glaube, heute ist der richtige Nachmittag um Doppelkopf zu spielen."

Der Zugführer stand indessen auf und grüßte seinen Vorgesetzten militärisch.

„Danke", winkte Lottner ab, „gibt es etwas Neues?"

„Leider nicht, Herr Hauptmann."

„Haben Sie schon gegessen?"

Der Leutnant schüttelte den Kopf. „Außer der Tasse Kaffee, die mir der Spieß angeboten hatte, gab es heute noch nichts für mich."

„Kommen Sie mit. Wir gehen zur Feldküche. Die Essensausgabezeit haben wir zwar verpasst, aber irgend etwas werden wir schon noch bekommen. Beim Essen redet es sich leichter."

Als die beiden Offiziere bei der Feldküche ankamen, waren die beiden Köche, sowie drei als Hilfspersonal eingeteilte Landser gerade beim Aufräumen.

„Hol mal die Pferde, den Zweispänner bringen wir wieder nach hinten", ordnete einer der Köche an, dessen Dienstrang nicht ersichtlich war. Er trug lediglich ein Unterhemd und darüber eine Schürze.

„Typisch Küchenbulle", moserte einer der Hilfskräfte, „anstatt den Wagen erst komplett fertig zu machen, sollen die Rösser schon angespannt werden."

Gerade in dem Moment, als der angesprochene Koch zu einer Schimpfkanonade ausholen wollte, bemerkte er die beiden Offiziere. „Achtung!" plärrte er und stellte sich stramm hin.

Wie gewohnt, winkte Lottner ab. „Danke, keine Meldung. Wie sieht es aus? Ist für zwei hungrige Münder noch etwas zu essen da?"

Schmunzelnd nickte der Koch. „Kein Problem, Herr Hauptmann. Zwei dicke Portionen Rindfleisch mit Salzkartoffeln sind allemal noch im Kasten", antwortete er und klopfte dabei auf die Feldküche.

Eine Stunde später kehrte Leutnant Schmal gesättigt zu seinem Zug zurück. Er wurde schon gespannt erwartet. Der Offizier wies die Soldaten sofort in die Lage ein. „… und da wir als Reserve vorgesehen sind, werden wir heute Nacht dort Stellung beziehen, wo Unteroffizier Weidner zurück erwartet wird."

„Falls die Kameraden noch leben", kam ein Zwischenruf.

„Oder nicht in russische Gefangenschaft gewandert sind", meinte ein anderer Landser.

„Hauptmann Lottner wird mit der restlichen Kompanie ebenfalls zum Ausgangspunkt kommen. Er führt den Einsatz. Das heißt, falls es Weidner und seiner Gruppe gelingt, sich zu den eigenen Linie zurück zu schlagen. Bleibt die Front ruhig, werden wir in den Bereitstellungsraum zurückkehren. Der Großangriff auf Woronesch wird morgen stattfinden!"

Die Stimmung am Nachmittag war gedrückt. Instandsetzung der Ausrüstung und Waffenreinigen waren angeordnet. Während dieser Arbeiten, beteiligte sich fast jeder an Diskussionsrunden bezüglich des Schicksals der Gruppe Weidner. Selbst während des nachfolgenden Waffenappells, verstummten die Gespräche, an denen sich auch die Unterführer beteiligten, nicht.

„Ich kenne Franz", er hätte garantiert eine Signalpatrone abgefeuert, wenn es eng geworden wäre", sagte Unteroffizier Mahlmeister und hob den Karabiner 98 eines jungen Landsers hoch um ins Rohr zu sehen. Dann glitt er mit einem weißen Lappen über den Verschluss. „Zieh´ die Kette noch ein paarmal durchs Rohr, dann passt es. Der Verschluss ist in Ordnung", sagte er beiläufig, gab das Gewehr zurück und ging zum nächsten Landser.

„Und wenn sie nicht dazu gekommen sind, sondern vom Iwan überrascht wurden?", konterte ein Obergefreiter.

„Dann hätten sie immer noch den Scharfschützen gehabt, der sie raushaut. Stahl ist doch zur Absicherung mitgegangen."

„Auch der ist nicht vor Gefangennahme gefeit."

Beide sahen sich an. Jeder wusste, dass gefangen genommene Scharfschützen, sofern man sie als solche entlarvte, hart angepackt wurden. Sie dachten an Meggerle.

„Wir hätten sicherlich mitbekommen, wenn die Gruppe in einen Hinterhalt geraten wäre."

„Und was ist mit der russischen Propaganda? Vielleicht sind sie auf einen der Politkommissare gestoßen, der ihnen das Maul wässrig gemacht hat. Ihr kennt solche Typen doch. Die quatschen dich so lange voll, bist du nicht mehr weißt wo vorn und wo hinten ist", meinte der Landser, dessen Waffe gerade inspiziert wurde.

„Vergiss es! Weidner hätte ihn gefangen genommen und wäre zurück gekommen."

„Und Stahl hätte ihn eine Kugel verpasst!", beendete der Obergefreite die Diskussion.

Rauchpause. Letzte Informationen wurden gesammelt. Die Männer standen derweilen herum und warteten. Als die Gruppenführer zurück kamen, wurden alle instruiert.

„Die Lastwagen stehen in dreißig Minuten bereit. Wir warten auf die Dämmerung und gehen in Woronesch zu Fuß nach vorn."

Privatarchiv des Autors, Foto: Soldaten in einer Stadt

Der russische Panzer war weitergefahren. Auch die Infanteristen waren nicht mehr zu sehen. Erste Befürchtungen, dass die Rotarmisten bei Tageslicht alle Häuser ein zweites Mal absuchen werden, oder dass der T-34 die Gebäude unter Beschuss nimmt, die nicht betreten werden konnten, bewahrheiteten sich nicht. Am späten Nachmittag kam Stahl wieder einmal vom Dachboden herunter und ging zu Weidner. Die Landser saßen zum Teil lethargisch herum. Das zum Nichtstun verurteilt sein, brachte sie fast an den Rand des Wahnsinns. Langeweile war ein unberechenbarer Gegner. Weidner hatte gerade den Rest seiner Feldflasche getrunken, als der Scharfschütze den Raum betrat.

„Wir müssen eine Entscheidung fällen!", sagte der Gefreite. Entschlossenheit lag in seinen Augen. Weidner wurde durch Stahls Blick richtig wach gerüttelt und aus der Monotonie des untätigen Wartens gerissen.

„Willst du schießen, oder wäre es im Allgemeinen für uns zu gefährlich? Ich meine wegen der Entdeckungsgefahr."

„Jedes Mal, wenn ich die russische Ari feuern höre und zuvor gesehen habe, wie der VB durch sein Fernglas glotzte, während der zweite Mann funkte. Mit jeder abgefeuerter Granate wuchs meine Wut an. Ja! Ich werde schießen. Am liebsten wenn ich noch einen Rest Tageslicht zur Verfügung habe. Kurz vor Sonnenuntergang", erklärte der Scharfschütze.

„Das wäre in ungefähr einer Stunde", stellte Weidner fest und erntete ein bestätigendes Nicken. Er schnaufte kräftig durch. „Du wirst deine beiden Schüsse abgeben. Keinen Dritten!", mahnte er. „Sofort nach dem zweiten Schuss legen wir die Bohle rüber zum Schuttberg und gehen raus. Wir werden den gleichen Weg einschlagen, den wir hergekommen sind. So haben wir zumindest für den Anfang keine größere Straße zu überqueren. Du packst nach dem Schießen sofort zusammen und kommst mit. Ich möchte nicht, dass du allein gehst. Wir haben gemeinsam die besten Aussichten durchzukommen!"

„Genau so machen wir es!"

„Bäumler sichert mit dem MG nach hinten ab. Er wartet auf dich. Gemeinsam folgt ihr uns."

Weitere Einzelheiten wurden abgestimmt. Ein letztes Mal wechselten die Wachposten an den Fenstern. Stahl begab sich wieder auf seine Position und beobachtete durch seine Zieloptik die Umgebung, schwenkte den Lauf der Waffe dann aber wieder auf die beiden Artilleriebeobachter. Der Gefreite wusste, dass er mit seinem ersten Schuss das Startsignal für seine Kameraden geben würde. Alles musste bedacht sein. Abermals suchte Stahl die Dächer und Ruinen nach russischen Scharfschützen ab. Nachdem er nichts Verdächtiges entdeckte, schwenkte er den Lauf auf sein Ziel um zum tödlichen Schuss anzulegen. Der Scharfschütze ging in Position, als ihm ein wichtiges Detail in den Sinn kam. „Verdammt noch mal! Da war doch etwas, was vorhin noch nicht da war!", durchfuhr es ihn. Vorsichtig zog er den Lauf seines Mosin wieder herum und suchte durch das Zielfernrohr die Dächer ab. Dann fand er, was ihn im Inneren beschäftigte. In einem der Hausdächer fehlte eine Ziegel. Das kleine Loch war beim letzten Rundblick noch nicht da. Stahl war sich sicher. Ein russischer Scharfschütze war in Stellung gegangen. Ein Blick zum Horizont folgte. Es wurde zunehmend dunkler.

„Zeig dich! Wer bist du?"

Stahl wurde leicht nervös. Er beobachtete die Stelle weiter. Eine Hand kam zum Vorschein. Jemand hob die nächste Dachziegel weg. Es gab hierfür nur eine sinnvolle Erklärung. Ein Scharfschütze war am Werk. Das bedeutete Gefahr. Den ersten Schuss würde er problemlos abgeben können, aber damit würde er auch vom Jäger zum Gejagten werden. Der russische Scharfschütze würde ihn aufspüren, dessen war er sich sicher. Stahl hatte immer weniger Licht zur Verfügung. Er musste schnell handeln. Was sollte er nur tun? Weidner und die Kameraden warteten schon. Konnte der feindliche Scharfschütze auch den Hinterhof einsehen? Falls ja, wären beim Verlassen der Ruine mindestens drei oder vier Landser dem Tode geweiht. Dieser Gedankengang gab den Anstoß zu Stahls Entscheidung. Er würde zuerst auf den Scharfschützen anlegen, dann die Artilleriebeobachter ins Visier nehmen. Anders war es nicht zu machen.

Die Position des russischen Schützen war nur zu erahnen. Stahl nahm sein Gewehr aus dem Anschlag. Seine rechte Hand wanderte zur linken oberen Brusttasche. Schnell war eine spezielle Patrone heraus gefingert. Er hatte sich dieses Geschoß für einen besonderen Schuss aufgehoben. Der Moment war gekommen. Der deutsche Soldat lud das Explosivgeschoß in seine Waffe und legte sofort wieder an. Es war nichts zu erkennen. Er sah nur das Loch im Dach. Instinktiv blieb Stahl im Ziel. Kleine Schweißperlen standen auf seiner Stirn. Langsam rannen sie an seiner Haut hinunter. Er wollte sie wegwischen, doch dann hätte er erneut anvisieren müssen.

Ein paar Minuten werde ich es noch aushalten, dachte er, als wieder ein Schweißtropfen von den Augenbrauen aufgesogen wurde. *Bald läuft das Salz in meine Augen. Komm, Junge! Zeig dich!*

Das Herz pochte schneller als üblich. Diesmal hatte er nicht nur auf sein Leben zu achten, sondern fühlte sich auch für seine Kameraden verantwortlich. Ein Kopf tauchte auf. Der Russe fühlte sich sicher und inspizierte sein Schussfeld. Ein Fehler, den er mit dem Leben bezahlte. Stahl krümmte den rechten Zeigefinger. Der Schuss brach. Noch bevor der Rotarmist den Knall hörte, fiel er tödlich getroffen zurück. Das Echo hallte zwischen den Häuserruinen wider.

Repetieren, das Gewehr schwenken und das neue Ziel erfassen dauerte nur wenige Sekunden. Der sowjetische VB suchte gerade mit seinem Fernglas ein neues Ziel. Wieder zog der Scharfschütze durch und landete einen tödlichen Treffer. Der zweite Artilleriebeobachter sprang auf. Er konnte nicht begreifen, was passiert war und machte den von Stahl vorausberechneten und auch erhofften lebensgefährlichen Fehler. Um nachzusehen was passiert war, beugte sich der Rotarmist über seinen toten Kameraden. Im selben Moment, in dem der Russe begriff, dass ein deutscher Scharfschütze auf Lauer lag, riss auch ihn eine Kugel aus dem Leben.

Stahl zog das Gewehr zurück und verließ hastig seine Stellung. Er blieb mit dem Umhang an einem Nagel hängen, knöpfte ihn auf und ließ ihn fallen. Von der Straße her vernahm er lautes Rufen. Es würde sicherlich nicht lange dauern, bis die Russen wussten, aus welchem Haus die Schüsse abgegeben wurden. Als der Gefreite auf der Holzbohle die Ruine verließ, lag Bäumler mit dem Maschinengewehr im Anschlag auf dem Schuttberg und zielte in Richtung Straße. Der Scharfschütze registrierte, dass immer noch die Gurttrommel aufgesetzt war, und Bäumler deshalb ohne seinen Schützen II in Stellung lag. Die Sonne war jetzt vollends untergegangen. Wortfetzen waren zu verstehen. Es waren Befehle, die in russischer Sprache gebrüllt wurden. Schüsse krachten, die nach Stahls Meinung nur blind in die Luft abgegeben wurden. Dennoch trieb ihn der Überlebensinstinkt an. Immer noch auf der Holzbohle, rannte er los, rutschte ab und verlor das Gleichgewicht. Stahl stürzte zwei Meter in die Tiefe.

„Au!", kam es über seine Lippen. Er hatte sich den Schmerzschrei nicht verkneifen können und fluchte innerlich.

„Was ist los?", rief ihm Bäumler leise zu, ohne den Hofzugang außer Sicht zu lassen.

Im letzten Dämmerlicht erkannte Stahl, dass sein rechter Unterschenkel von einer dünnen Eisenstange durchbohrt war. Im Gedanken sah er sich in Gefangenschaft gehen. Fieberhaft suchte er das Scharfschützengewehr. Er musste es loswerden. Adrenalin wurde ausgestoßen. Als erste Schock-Moment überstanden war, wurde der Schmerz heftiger. „Ich bin in … einer Eisenstange … gelandet", stöhnte er zurück. „Schmerzt wie die Hölle!"

Stahl hörte einen Körper über Stein rutschten. Erst kam ihm Geröll, dann Bäumler entgegen. Der MG-Schütze blieb neben Stahl liegen. „Zeig her!", sagte er und leuchte mit seiner Taschenlampe auf die Wunde.

„Bist du … verrückt? Mach das Licht aus!"

Der Schmerz wuchs immer stärker an. Neben der Eisenstange im Unterschenkel, spürte der Scharfschütze wie zusätzlich der Knöchel anschwoll. „Wir tauschen … Waffen. Hau ab! Ich halte den Iwan mit dem MG auf!"

Bäumler schaltete die Taschenlampe wieder aus. „Vergiss es, Kamerad! Wir gehen zusammen! Wo liegt dein Gewehr?"

Während Stahl sich umsah, fasste Bäumler an die Eisenstange, an deren Ende ein dicker Brocken Beton hing und zog sie mit einem Ruck aus der Wunde. Sofort verzog Stahl das Gesicht, sein Arm schnellte vor den Mund. Er biss in den Ärmel seiner Uniform und ließ einen dumpfen Schmerzschrei los. „Bist du … wahnsinnig", keuchte er Bäumler zu, ohne die Strenge in seiner Stimme zu verlieren, dann atmete er ein paarmal tief durch. Bäumler legte notdürftig einen Verband an.

„Das reicht fürs den Anfang."

Es hätte nicht viel gefehlt und dem Scharfschützen wäre schwarz vor Augen geworden. Als sein Kreislauf sich einigermaßen stabilisiert hatte, wurde er vom MG-Schützen hoch gezogen.

„Wir gehen jetzt den anderen nach. Der Sani flickt dich zusammen! Jetzt beiß auf die Zähne. Links stützt du dich auf dein Gewehr. Du nutzt es als Krücke! Rechts halte ich dich!"

Der MG-Schütze holte das Gewehr. Stahl merkte, dass Widerspruch zwecklos war. Bäumler war entschlossen, also nahm der Scharfschütze das Mosin, und stützte sich auf. Bäumler trug das MG in der rechten Hand. Gemeinsam humpelten sie den anderen Landsern nach. Auf der Straße wurde es immer lebhafter und hektischer.

„Du hast dreimal abgedrückt."

„Ich habe einen russischen Scharfschützen entdeckt. Den musste ich zuerst ausschalten. Dann waren die Ari-Beobachter dran. Sie sind sicherlich schon gefunden worden", stöhnte er die Antwort mehr, als er sagte.

Jeder Schritt schmerzte. Der Schuttberg war überwunden, jetzt galt es durch die Hinterhöfe zur kleinen Nebenstraße zu kommen. Beide Landser waren froh, dass sie über keine Zäune oder Gartenmauern klettern mussten. Die Dämmerung war in kürzester Zeit zur Nacht geworden. Ein kleiner Vorteil. Als beide Soldaten sich dem vereinbarten Treffpunkt näherten, es war ein Garten bei der Nebenstraße, wurden sie bereits sehnlichst erwartet.

„Einer ist verletzt", ging es flüsternd durch die Reihen.

Sofort sprang Schuhmann, der Sanitätsgefreite, auf und lief ihnen entgegen. „Was ist passiert?"

„Er hat sich ´ne rostige Eisenstange durch den Unterschenkel gerammt und weil das noch nicht genug war, hat sich unser Wilhelm Tell auch noch den Knöchel verstaucht oder sogar gebrochen!"

„Dass du in diesem Moment noch scherzen kannst?", murrte

Schuhmann.

„Purer Galgenhumor … aua, das tut weh, wie die Hölle.“

Weidner kam dazu. „Beiß auf die Zähne, Erwin. Wir müssen erst sichere Deckung finden, bevor dich der Sani verarzten kann!“

„Mein Knobelbecher ist schon … ganz feucht“, keuchte der Scharfschütze, „ich glaube … die Wunde blutet stark. Außerdem … schwillt mein Knöchel an. Zieht mir … den Stiefel aus“, bat er seine Kameraden.

„Du behältst den Stiefel an. Er stützt den Knöchel, aber wenn die Wunde so stark blutet, muss ich einen neuen, anständigen Druckverband setzen, sonst kippst du uns noch weg“, stellte Schuhmann nüchtern fest.

Weidner starrte auf den Verletzten. „Gut! Aber beeil dich!“, sagte er zu dem Sanitäter, dann drehte er sich zu den anderen Landsern seiner Gruppe um. „Stolzenberg, du hilfst dem Sani, alle anderen suchen sich Deckung und halten nach dem Iwan Ausschau. Nur in absoluten Notfällen schießen! Ich möchte nicht, dass wir unsere Position verraten!“

Wortlos suchten die Landser Deckung, wobei Lützmann sich zu Bäumler orientierte. „Ich habe noch zwei weiter Gurttrommeln dabei“, sagte er dem MG-Schützen.

Schuhmann klappte seine Sanitätstasche auf. „Es ist verdammt dunkel hier. Kannst du nicht wenigstens sporadisch leuchten? Immer dann, wenn ich es sage?“

„Du weißt, wie gefährlich das ist?“, fragte Weidner.

Schuhmann ging auf die Frage gar nicht ein. Der Sanitäter gab Stahl zwei Tabletten. „Gegen die Schmerzen“, erklärte er, zerschnitt den ersten Verband und legte die Wunde frei. Anschließend holte der Sanitätsgefreite Sepsotinktur aus dem Sanitätskoffer, desinfizierte die Verletzung und legte einen Druckverband an. „Wäre wohl besser, wenn wir die Wunde nähen, aber das machen wir, wenn wir wieder zu Hause sind“, sagte er schließlich zu Stahl.

Immer, wenn Schuhmann für wenige Sekunden Licht benötigte, sagte er es Unteroffizier Weidner, der dann trotz schlechten Gewissens mit seiner Taschenlampe leuchtete. Der Gruppenführer atmete erleichtert auf, als endlich das ersehnte: „Fertig!“, über die Lippen des Sanis kam.

„Stolzenberg, nimm deinen Karabiner am Schaft und gib mir den Lauf. Wir halten ihn wie eine Stange und Stahl soll sich draufsetzen."

Stolzenberg kam der Aufforderung nach.

„Du kannst deine Knarre umhängen und dich links und rechts festhalten. Wir tragen dich!", teilte Schuhmann dem Scharfschützen unmissverständlich mit.

„Wenn ich euch zu schwer werde …"

„Klappe halten! Nimmst du deine Flinte jetzt mit, oder lässt du sie hier?"

„Ich nehme sie mit", sagte Stahl leise, „wer weiß, ob sie nicht noch einmal brauche."

„Sie kommen!", warnte Bäumler seine Kameraden. Er sah schemenhafte Schatten durch die Gärten huschen.

Weidner ging runter auf den Boden. „Ihr drei geht über die Straße und nehmt den gleichen Weg, wie gestern", schickte er den Sanitäter und Stolzenberg mit dem verwundeten Stahl weg. „Die anderen sollen mit etwas Abstand folgen. Bäumler und ich halten die Russen auf!"

Er kroch zu Bäumler, gab Lützmann ein Zeichen, dass dieser verschwinden sollte und sah zu den sich nähernden Rotarmisten. Die russischen Soldaten streiften durch die Hinterhöfe und suchten diese nach den deutschen Soldaten ab.

„Sie gehen langsam, haben uns also nicht bemerkt!"

„Richtig", antwortete Bäumler. „Sie suchen einen Scharfschützen, keine Gruppe. Das ist gut. Sie brauchen mehr Zeit, denn ein Mann ist schwerer zu finden, als einen ganze Handvoll Männer."

Der Obergefreite strich über den Kolben des MG 34, ging in Stellung und fühlte ihn schließlich an seiner Wange. Der rechte Zeigefinger lag am Abzug. „Mist! Sie kommen direkt auf uns zu. Spätestens wenn Schuhmann und die anderen loslaufen sehen sie uns."

„Dann jagst du die Trommel raus und ziehst dich zurück. Ich gebe dir mit der MP Deckung. Weiter hinten, ungefähr bei der Straße, gehst du nochmals mit dem MG in Stellung. Falls sie mich jagen, laufen sie dir direkt vors Rohr!"

Lützmann stieß seinen Gruppenführer an. „Ich bleibe bei Bäumler. Es geht schneller, wenn ich die neuen Gurttrommel reiche", sagte er.

Die Rotarmisten kamen immer näher. Im fahlen Mondlicht erkannte man ihre vorsichtigen Bewegungen.

„Wie viele sind es?"

„Ich schätze sie kommen in Gruppenstärke. Mehr kann ich nicht erkennen."

Dann wurde es hektisch. Ein russischer Trupp hatte das verlassene Versteck der Landser in der Ruine entdeckt. Leere Konservendosen hatten wohl den letzten Hinweis gegeben. Weidner hörte immer wieder das Wort: „Germanski!"

Er klopfte Bäumler auf die Schulter. „Jetzt!"

Der MG-Schütze zielte auf die dunklen Gestalten und drückte ab. Immer wieder jagte er dem Feind kurze Feuerstöße entgegen. Zwei Rotarmisten fielen getroffen zu Boden. Befehle und Schmerzensschreie hallten durch die Hinterhöfe von Woronesch. Mündungsfeuer blitzte auf. Projektile pfiffen um die Stellung des MG-Schützen. Dann war die Gurttrommel leer. Lützmann reichte einen neue Gurttrommel. Anschließend zogen sich beide langsam wegkriechend zurück. Wie vereinbart, zog sich Bäumler zurück. Nach den ersten Metern sprangen sie auf und rannten geduckt durch den nächsten Garten bis vor zur Straße. Weidner blieb dagegen in seiner Deckung. Noch schoss er nicht. Er wartete ab. Als drei Russen auf ihn zuliefen, aber in Richtung des flüchtenden Bäumler schossen, riss der Unteroffizier an der Sicherungsschnur einer Handgranate, warf sie den Feinden entgegen und feuerte gleichzeitig eine Salve aus seiner MP 38 ab. Nach der Detonation lagen die drei Gegner auf dem Boden und Weidner nutzte die Gelegenheit, sich ebenfalls abzusetzen. Er hetzte seinen Kameraden nach. Als er an der Straße ankam, lagen Bäumler und Lützmann schon wieder in Stellung.

Ein Blick schneller Blick über seine Schulter verriet Weidner, dass sich unmittelbar hinter ihm keine Verfolger befanden. „Weiter!", rief er seinen Kameraden zu.

Beide schnellten hoch und liefen dem Unteroffizier nach.

Schon kurz darauf füllte sich die kleine Nebenstraße mit Rotarmisten. Ein Offizier oder Unteroffizier bellte Befehle und immer mehr Infanteristen durchstöberten die Ruinen. Kettengerassel jagte Gänsehaut über die Rücken einiger Landser.

Blankensen lief an der Spitze, gefolgt von Reich, Gerstner und zwei Mann aus Mahlmeisters Gruppe. Dahinter hasteten Schuhmann und Stolzenberg, die immer noch Stahl in ihrer Mitte trugen.

„Ich kann nicht mehr", ächzte Stolzenberg. „Wir müssen eine Pause machen, oder mir rutscht der Karabiner aus der Hand!"

„Noch zehn Meter", forderte der Sanitäter, „dort kommt ´ne Seitengasse."

Die Spitzengruppe befand sich bereits auf Höhe der besagten Seitengasse, als plötzlich die Tür des Eckhauses aufging und zwei russische Soldaten herauskamen. Scheinbar hatten sie von der aktuellen Situation noch nichts mitbekommen. Die Haustür fiel ins Schloss. Plötzlich standen die beiden Rotarmisten vor den Landsern. Verblüfft starrten sie Blankensen und Reich an, die ebenfalls überrascht und zugleich schockiert stehen geblieben waren. Während Fritz Blankensen sofort seinen Karabiner hochriss und aus der Hüfte einen Schuss abgab, reagierte Reich nicht. Sekunden später zuckte sein Körper unter den Einschlägen eine MP-Salve zusammen. Wortlos sank er sterbend zu Boden. Blankensen hingegen traf sein Gegenüber in die Brust. Noch während der zweite Russe Reich niederschoss, bellten von hinten zwei Schüsse auf. Gerstner und ein Landser der anderen Gruppe schossen gleichzeitig. Die Wucht der Treffer warf den Rotarmisten auf die Erde, wo er in unnatürlicher Haltung liegen blieb.

„Rechts rein!", plärrte Schuhmacher. „Weg von der Straße!"

Weidner hatte aufgeholt und war an den Trägern des verletzten Scharfschützen vorbeigezogen. „Rein dort!", bestätigte er befehlsartig die neue Marschrichtung. Er bremste abrupt ab, stellte sich vor die Tür, aus der die Russen kamen und hielt seine MP feuerbereit. „Los! Vorbei mit euch!", rief er den Trägern zu. Die Tür wurde aufgerissen und ein weiterer Rotarmist stand schlaftrunken im Eingang. Er stierte in den Lauf von Weidners Maschinenpistole. Es war der letzte Blick seines Lebens. Eine Garbe in die Brust warf ihn zurück. Bäumler und Lützmann waren die Letzten. Ihre genagelten Knobelbecher klackten bei jedem Schritt, den sie auf dem Asphalt machten. Sie rannten, als säße ihnen der Schalk im Nacken.

„Hier rein!", rief ihnen Weidner zu, als sie auf Höhe der Seitengasse waren. Keuchend und prustend fielen sie mehr in die enge Gasse, als dass sie liefen. „Ich … kann … nicht … mehr", stöhnte Bäumler und lehnte sich an die Hauswand.

Quietschen, Motorenlärm und Kettengerassel. Unmissverständlich ein Panzer! Jetzt hatten sie Gewissheit! Zu dem lauten Dröhnen gesellten sich schnelle Schritte vieler Stiefel. Die russischen Soldaten sahen die Leichen ihrer Kameraden auf der Straße liegen. Wieder wurden Befehle in russischer Sprache gebrüllt, doch außer „Germanski" und „Dawai" verstand Weidner kein Wort. Der

Brustkorb von Bäumler hob und senkte sich mit ungewöhnlicher Geschwindigkeit.

„Los, Richard!", forderte ihn sein Gruppenführer zum Weiterlaufen auf. „Hier kann der Panzer nicht rein!"

„Ich schaffe es nicht mehr. Ich muss mich gleich übergeben!"

„Dann tu es, aber lauf!", brüllte ihn Lützmann an und packte Bäumler am Kragen. Dieser umklammerte das MG 34 und ließ sich von seinem jungen Kameraden mitreißen. Sie liefen die Gasse entlang. Nach der ersten Biegung hörten sie nur noch ein: „Psst. Hier rein! Wir sind hier," rief Blankensen mit gedämpfter Stimme. Er stand im Türrahmen eines Hauses und winkte die Nachzügler her.

Bäumler ging als erster ins Haus, dann Weidner. Als Lützmann ebenfalls ins Haus laufen wollte, krachte es. Eine Panzergranate detonierte in der Nähe der Landser. Steine flogen durch die Luft. Lützmann schrie auf und wurde auf den Boden geschleudert. Sofort griffen Blankensen und Weidner nach den Armen ihres Kameraden.

„Verdammter Mist!", fluchte Lützmann. „Mich haben bestimmt tausend Steine getroffen. Mein Rücken und meine Beine fühlen sich an, als ob ein Pferd über mich drüber gelatscht wäre."

„Solange du schimpfen kannst, lebst du", kommentierte Weidner und war froh, dass nicht noch mehr passiert war.

WUMM

Wieder feuerte der Panzer. Diesmal schlug die Granate mitten auf der Straße ein. Weidner lugte aus der Tür. „Der Panzer passt nicht in die Gasse. Er setzt zurück. Jetzt kommen die Iwans!"

Der Unteroffizier knallte die Haustür zu. Seine Kameraden waren bereits durch das Haus gegangen und haben es durch eine Hintertür wieder verlassen. Weidner hielt Anschluss an die Gruppe. Nachdem wieder mehrere Gärten durchquert wurden, verschnauften sie an einer brusthohen Gartenmauer. Jeder lehnte sich irgendwo an und rang nach Atem. Die Flucht war nicht nur körperlich anstrengend, sie zerrte an den Nerven.

„Wo bleiben…Sie?", erkundigte sich Stolzenberg, den der Schweiß in Strömen herab rann.

„Sie wissen nicht, dass wir gleich wieder hinten raus sind. Sie müssen erst das Haus absuchen", kam eine hastige Antwort. Ein vages Gefühl von Sicherheit kam auf, doch ein Scheppern, gepaart mit russischen Wortfetzen verriet, dass die Rotarmisten dichter an den Landsern waren, als diese hofften.

„Da ist ein Iwan gegen einen Blechbottich gelaufen. In den wäre ich vorhin auch fast rein gerannt", entfuhr es Blankensen. „Wie weit ist es noch bis zu unseren Stellungen?"

„Es kann nicht mehr allzu weit sein!"

Hinter der Mauer, an der die deutschen Soldaten pausierten, verlief eine Straße. Ein oder zwei Lastwagen fuhren vorbei. Weidners Puls wurde erneut hochgejagt. Das Bangen begann. Saßen sie in der Falle? Hielten die Fahrzeuge an? Waren sie mit Rotarmisten besetzt?

Erst als die Motorengeräusche wieder leiser wurden, wusste der Unteroffizier, dass die Lastwagen weitergefahren waren. Weidner atmete auf.

Schuhmann warnte. „Sie sind gleich hier. Was machen wir?"

„Ich kann nicht mehr! Tut mir leid, aber jemand muss mich ablösen", stöhnte Stolzenberg.

„Ich übernehme für dich", bot sich ein Landser der Gruppe von Unteroffizier Mahlmeister an. „Und ich löse den Sani ab!" beschloss Blankensen.

„Wenn ich die Russen nur besser sehen könnte, dann würde ich schon ein paar erwischen", schimpfte Stahl. „Ich kann zwar nicht laufen, aber ich kann nach wie vor schießen. Vielleicht bekommen sie Respekt, und halten mehr Abstand, wenn sie wissen, dass unter uns ein Scharfschütze ist."

„Oder sie bekommen erst recht Jagdfieber! Du weißt doch, was sie von euch halten", fiel ihm Bäumler ins Wort.

„Wenn es nicht mehr weit zu unseren Linien ist, könnten wir doch eine Leuchtkugel riskieren", schlug der Sani vor.

Weidner griff in seine Feldbluse und zog einen skizzierten Plan heraus. „Ich sehe mal auf meiner Karte nach. Dazu muss ich aber mit der Taschenlampe leuchten."

„Zu gefährlich. Der Iwan ist nicht weit weg und ihr solltet mal eure Klappen halten, sonst hört er uns noch!", zischte Bäumler hervor. Im gleichen Moment hörten, dass sich ihre Verfolger wieder schnell näherten.

Stahl griff nach seinem Scharfschützengewehr und legte sich hin. Mit schmerzverzerrtem Gesicht brachte er sein verletztes Bein in eine angenehme Position und atmete auf. „Von hier aus habe ich ein gutes Schussfeld. Ihr seht zu, dass ihr abhaut, ich knöpfe mir die Russen vor!"

„Du spinnst wohl! Das kommt gar nicht in Frage!", lehnte

Weidner den Vorschlag von Stahl ab.

„Gib mir die Leuchtpistole!", setzte der Scharfschütze hartnäckig nach.

„Nein! Wir gehen alle, oder keiner!"

„Sei nicht so verbohrt, Franz! Das hier ist meine Spezialität! Ich kenne mich mit solchen Situationen aus, ihr nicht! Es ist besser, du bringst alle heil zurück und ich schlage mich allein durch, als dass wir alle draufgehen!"

Die russischen Soldaten kamen näher.

„Nein! Du weißt genau, dass du mit deinem verletzten Bein nicht weglaufen kannst."

„Sie sind da!", war Stahls Antwort. Seine Stimme wirkte jetzt ruhig und gelassen. Irgendwie anders, als man ihn sonst kannte. Stahl wendete sich von Unteroffizier Weidner ab und legte an. Der Umriss eines Rotarmisten war deutlich zu sehen. Die Entfernung zu den Landsern betrug keine dreißig Meter. Der Scharfschütze visierte den Körper des Gegners an und drückte ab. Durchladen, zielen, ein zweiter Schuss folgte. Diesmal hatte Stahl das Mündungsfeuer einer sowjetischen Waffe als Zielhilfe benutzt. Ein Russe hatte blindlings gefeuert, was ihm das Leben kostete.

„Du bist wahnsinnig!"

„Die Leuchtkugel, sonst sehe ich nichts!"

Weidner kochte vor Wut, griff nach der Leuchtpistole, schob eine Leuchtpatrone ein, hielt die Waffe schräg nach oben und feuerte sie ab. Stahl schoss sofort, lud durch und drückte wieder ab. Ein Griff in seine Munitionstasche folgte. Er hielt einen neuen Ladestreifen in der Hand.

Bäumler jagte indessen eine Salve mit dem Maschinengewehr hinaus. Die Russen waren in Deckung gegangen und erwiderten das Feuer. Die Leuchtkugel war verglüht.

„Weg hier!", brüllte Weidner, packte Stahl und zog ihn nach oben. Der Scharfschütze schrie vor Schmerzen auf. „Hoffentlich tut es ordentlich weh. Wenn ich sage, ich lasse niemanden zurück, dann meine ich das auch so!"

Blankensen packte mit an. Beide stützten den Scharfschützen und rannten an der Mauer entlang, die anderen folgten. Stolzenberg zog eine Stielhandgranate aus seinem Koppel, schraubte den Deckel ab, zog die Sicherungsschnur und schleuderte die Granate nach hinten.

„Wenn Unteroffizier Weidner bis zum Anbruch des Morgens nicht hier ist, kann keine Rücksicht mehr genommen werden. Die Truppen stehen für den Großangriff auf die Stadt bereit", wiederholte Hauptmann Lottner. Der Kompanieführer öffnete den Lederriemen seines Stahlhelms und warf einen Blick auf die Maschinenpistole. Er war bereit sofort loszustürmen, falls er ein Lebenszeichen der vermissten Gruppe bekommen sollte, doch langsam kamen Zweifel auf. Er glaubte nicht mehr, dass sie zurückkommen werden. Lottner sorgte sich um jeden seiner Männer. Er hasste es wie die Pest, Trauerbriefe zu verfassen und in die Heimat senden zu müssen. Wut kam in ihm auf. Unerwartet ballte er eine Hand zur Faust und schlug auf den Tisch. „Diese Warterei raubt mir den letzten Nerv! Verdammt noch mal, ich möchte diese Gruppe nicht verlieren!"

Leutnant Schmal saß neben seinem Vorgesetzten und erschrak. Gerade in dem Moment, als er Lottner von Weidners Führungsqualität erzählen wollte, kam ein Melder hektisch heran gelaufen.

„Eine Leuchtkugel. Schüsse. Nicht weit weg von hier!"

Beide Offiziere sprangen auf. „Das ist Weidner! Wo ist das? Wir kommen ihm entgegen."

Sie stürmten aus dem provisorischen Unterstand. Die anderen Zug- und Gruppenführer standen bereit und warteten auf Befehle.

„Spitze Formation, wie vorab besprochen! Leutnant Schmal, jetzt endlich hauen wir die Gruppe Weidner raus!"

Der Zugführer nickte. Ein Hoffnungsschimmer war gegeben.

„Die Rückzugssicherung steht, Herr Hauptmann. Falls uns der Russe nachsetzt, heizen wir ihm ein!", wurde zugesichert.

„Wir stoßen keilförmig durch! Vorwärts!", kam es fast erlösend aus dem Mund des Kompanieführers.

„Wir sind näher an unseren Stellungen, als ich dachte. Nur noch zwei Straßenzüge! Lauft!"

„Au, mein Bein!", beschwerte sich Stahl und hielt immer noch krampfhaft sein frisch geladenes Mosin-Mehrlader 1891/30 fest. Ungeachtet der Schmerzlaute des Scharfschützen, schleiften ihn Unteroffizier Weidner und Blankensen mit.

„Vor uns kommt ein Lastwagen!", warnte Bäumler. Der MG-Schütze warf sich zu Boden und legte an. Lützmann spürte seine vom Steinhagel davongetragenen Prellungen nicht mehr. Er kniete sich neben Bäumler ab und hielt die letzte Gurttrommel parat. Schon ratterte das MG 34 los. Immer wieder schlugen die Geschosse im Lastwagen ein. Leuchtspurmunition half beim Zielen. Dann rumste es gewaltig. Der Lastwagen war in Brand geraten und explodierte kurz darauf. Vermutlich hatte er Munition oder Sprit geladen.

„Nach hinten sichern! Grrgh…", brüllte jemand, dann war nur noch ein Gurgeln wahrzunehmen. Ein Landser aus Mahlmeisters Gruppe griff sich an den Hals. Blut spritze stoßweise heraus. Tödlich getroffen brach der Soldat zusammen. Die Straße hinter den flüchtenden Landsern füllte sich immer mehr mit Rotarmisten. Ein wahrer Kugelhagel fegte über Weidner, Blankensen und Stahl hinweg.

„Runter!"

Der Aufprall auf der Straße war unsanft und hart.

„Ahh", stöhnte der Scharfschütze, drehte sich jedoch sofort um und legte an. „Leuchtkugel!", schrie er.

Weidner reagierte sofort. Die abgefeuerte Leuchtkugel ließ es für 6 bis 8 Sekunden über den nacheilenden russischen Soldaten taghell werden. Das reichte Stahl aus um drei Treffer zu laden. Auch Bäumler leerte seine Gurttrommel.

„Weiter!", befahl Weidner, der wusste, dass sie keine Überlebensmöglichkeiten hatten, wenn sie hier blieben.

Blankensen sprang als erster auf und fiel getroffen wieder zu Boden. „Mich hat es erwischt!"

Schuhmann, der Sani robbte zu ihm. „Schulterdurchschuss und ein Treffer im Bein! Beiß die Zähne zusammen, wegen so etwas stirbt man nicht", beruhigte er Blankensen. „Wir müssen ihn tragen, aber ich schaffe es nicht allein."

„Pack mit an, ich gebe euch Deckung!", donnerte Stahl zu Weidner und lud nach. „Hau noch mal 'ne Leuchtkugel raus!"

Weidner war verzweifelt. Er konnte nicht beide Verwundete auf einmal retten. Zu stark drückten die Rotarmisten nach vorn.

„Sammeln! Rückzug!"

Lützmann hatte die letzte Gurttrommel eingelegt. Als die Leuchtkugel nach oben stieg und sie die Masse der russischen Soldaten sahen, fasste Bäumler eine Entscheidung!

„Lützmann, hau ab! Ich komme nach, sobald ich alles verschossen habe!"

Die Tonlage ließ keinen Widerspruch zu, sodass Lützmann aufsprang und Weidner folgte. Fast zeitgleich mit dem Losrattern des MG 34, begann Stahl sein Mosin abzufeuern. Weidner rechnete jeden

Moment damit, dass irgendwo eine Haustür aufflog und sie in russisches Gewehrfeuer liefen, doch nichts passierte. Die nächste Querstraße war erreicht. Kampflärm wurde laut.

„Das sind unsere Kameraden. Sie kommen uns entgegen", stieß Weidner aus. „Ich muss zurück und Stahl holen", schob er sofort nach. Wie selbstverständlich folgte ihm Schuhmann, während die anderen so gut wie möglich Feuerschutz gaben.

Es waren keine fünfzig Meter bis zu den Stellungen von Bäumler und Stahl, doch immer wieder mussten der Gruppenführer und der Sani in Deckung gehen. Kurz bevor sie ihre Kameraden erreicht hatten, stand Bäumler auf, ließ das MG liegen und rannte zurück. In der Hand hielt er seine Pistole 08.

Weidner stand auf und feuerte sein Magazin leer. Um den Gefechtslärm zu übertönenden, brüllte er so laut er nur konnte: „Lauf hierher! Wir sind hier!"

Doch schon nach wenigen Metern riss der Obergefreite Bäumler die Hände nach oben und fiel vornüber zu Boden.

Schuhmann bekam erhebliche Zweifel. „Wir schaffen es nicht. Es sind zu viele!"

Kaum hatte er ausgesprochen, verharrte der Gegner, dem starkes Feuer entgegenschlug. Hauptmann Lottner, der seine Kompanie anführte, erreichte Weidner. Mit der Verstärkung im Rücken, stürmte der Gruppenführer sofort zu Stahl. Der Feind rückte nicht weiter nach. Die Kampflinie stagnierte für einen Moment.

Stahl lag zusammengesackt über seinem Scharfschützengewehr. Schuhmann kam dazu und zog dem Scharfschützen den Helm ab. „Streifschuss am Kopf, zwei weitere Treffer in Arm und Schulter, nichts lebensbedrohliches! Pack mit an."

Unter dem Feuerschutz ihrer Kameraden trugen sie Stahl nach hinten. Erst mit dem Rückzug Stoßkompanie ebbte das Feuer ab. Hinter den eigenen Linien wurden die Verwundeten versorgt.

Weidner und Schuhmann legten Stahl zu Boden. „Wir haben es geschafft, Erwin! Du hast uns raus geschossen", freute sich Weidner, doch Stahl reagierte nicht.

„Erwin?"

Weidner rüttelte an Stahls Körper.

Schuhmann suchte den Puls des mehrfach angeschossenen Scharfschützen. Er hob Stahls Körper an und sah ein weiteres Einschussloch am Rücken. Vorsichtig legte er den Körper zu Boden und eine Hand auf Weidners Schulter. „Er hat einen weiteren Treffer erhalten! Stahl ist tot. Es muss passiert sein als wir ihn zurück trugen!"

Am 9. Juli war Woronesch zu größten Teil von der Wehrmacht eingenommen. Bevor die 3. Infanterie-Division am 13. Juli aus der Front genommen und in den Raum Millerowo verlegt wurde, besuchten Unteroffizier Weidner und der Sanitätsgefreite Schuhmann das Grab von Erwin Stahl. Ein Kreuz aus Birkenholz, versehen mit einer Namenstafel zierte das schlichte Soldatengrab. Weidner zog ein Eisernes Kreuz aus der Tasche und heftete es an Stahls Namensschild.

„Das hast du zu Recht verliehen bekommen. Außerdem haben Sie dich posthum zum Obergefreiten befördert", sagte er mit Tränen in den Augen. „Du warst ein guter Kamerad. Erwin Stahl, ich werde dich nie vergessen."

Nachdem sie ein letztes Mal Abschied genommen hatten und vom Grab weggingen, drehte sich Weidner noch einmal um. „Du hast uns mehr als einmal das Leben gerettet, Erwin. Ohne dich hätten wir es nicht geschafft, das werde ich niemals vergessen und jedem berichten!"

Ende

Glossar zum Roman:

MP 38 *auch „Schmeisser" genannt, da der Name des Waffen-Konstrukteurs auf den Magazinen angebracht war.*	Maschinenpistole 38, zu Kriegsbeginn Standardmaschinenpistole der deutschen Wehrmacht und Waffen-SS, Stangenmagazin, 32 Schuss, 9 mm Parabellum
T 34	russischer Kampfpanzer, Bewaffnung 1 Kanone, Kaliber 76,2 mm, 2 Maschinengewehre Kaliber 7,62 mm, vier Mann Besatzung
MG 34	universal Maschinengewehr der Wehrmacht, sehr effektive Waffe, Kaliber 7,92 x 57 mm, produziert 1931 bis 1945
Opel Blitz	Lastwagen der Adam Opel AG, mit 3 Tonnen Nutzlast. Der LKW erfüllte die Anforderungen der Wehrmacht ideal und gehörte zur Standardausrüstung
Kübelwagen, oder „Kübel"	geländegängiger, leichter Pkw von VW, das äußerst robuste Fahrzeug gehörte zur Standardausrüstung der Wehrmacht
Mosin Nagant	russisches Repetiergewehr, Kaliber 7,62 x 54 R, Magazinfüllung 5 Patronen mit Ladestreifen, Standardgewehr der Roten Armee, das Gewehr gab es auch in einer Version für Scharfschützen, Zusatzausrüstung: Zielfernrohr PE oder PU

K 98	Mauser Modell 98, deutsches Repetiergewehr, Kaliber 7,92 x 57 mm, 8 x 57 IS, Magazinfüllung 5 Patronen mit Ladestreifen, das Gewehr gab es auch in einer Version für Scharfschützen, Standardwaffe der Wehrmacht und Waffen-SS

Aus dem allgemeinen Landser-Jargon:

Alter	Spitzname für: Vorgesetzter (meist Kompanie-, Bataillons-, oder Divisionsführer)
Arko	Artilleriekommandeur
Backofen	umkämpfte Stellung
Donnerbalken	Latrine / Feldtoilette
Gefrierfleischorden	Ost-Medaille
Goldfasan	hochdekorierter Militär oder Parteifunktionär
Gulaschkanone	Feldküche
„Halsschmerzen"	jemand möchte eine Auszeichnung erhalten (Ritterkreuz, Eisernes Kreuz u.a.)
Hindenburglicht (benannt nach Paul von Hindenburg)	Mit Fett oder Talg gefüllte kleine Schale, in die ein Docht gesteckt wurde. Es diente als Notbeleuchtung. Moderner Nachfolger ist das Teelicht.
Hitlersäge	MG 42 = leistungsstarkes deutsches Maschinengewehr
hinrotzen	in Deckung gehen
Hoffnungsbalken	Litzen auf den Schulterstücken von Offiziersanwärtern

Hurratüte	Stahlhelm
Hundemarke	Erkennungsmarke (üblicherweise um den Hals getragen)
OKW	Oberkommando der Wehrmacht
Rollbahn	wichtige Straße/Nachschubweg z.B. zur Truppenversorgung, aber auch zum schnellen Vormarsch
Iwan	Rotarmist (russischer Soldat)
Kettenhund	Feldgendarm, erkennbar an seinem umgehängten Blechschild
Knobelbecher	genagelter Soldatenschaftstiefel
Koffer	schwere Granate
Küchenbulle	Koch
Landser	ugs. Bezeichnung des deutschen Soldaten (urspr. Landsknecht = zu Fuß kämpfender Söldner 15./16. Jh.)
Lametta	Orden/ferner auch Rangabzeichen
Latrinenparole	Gerücht
Rückgrat der Armee	Obergefreiter = alter Landser/Soldat, besitzt viel Erfahrung
Schütze Arsch	junger Soldat
Spieß	Kompaniefeldwebel
Strippenzieher	Nachrichtensoldat
VB	Vorgeschobener Beobachter der Artillerie
verheizen	Soldaten sinnlos opfern
Zwölfender	Berufssoldat (Dienstzeit betrug mind. 12 Jahre)

Waffenvorstellung in Stichpunkten

Bundesarchiv, Signatur: Bild 101I-216-0417-19, Foto: Dieck,
Sowjetunion, bei Woronesch - zwei Soldaten in Stellung, Soldat mit Gewehr und Zielfernrohr im
Anschlag und Soldat mit Fernglas beobachtend; PK 694

Repetierbüchse Mauser Modell 98

Die deutschen Infanteristen wurden während des Ersten Weltkriegs mit dem Gewehr 98 ausgerüstet.

Die Kavallerie, Pioniere und sonstige Spezialtruppen verwendeten das 98 k (Karabiner).

Der Karabiner 98 wurde ab 1935 in der Wehrmacht weiterverwendet und war die Standardbewaffnung des deutschen Soldaten.

Technische Daten und allgemeine Information:

Militärische Bezeichnung	Karabiner 98 k
Hersteller	Mauser, ältester und bekanntester deutscher Waffenhersteller, gegründet 1811
entwickelt	1898
Produktionszeit	1934 bis 1945
Waffenart	Gewehr
Gewicht (ungeladen)	3,7 kg bis 4,1 kg
Länge	1110 mm
Lauflänge	600 mm
Kaliber	7,92 x 57 mm, 8x57IS
Magazinfüllung	5 Patronen
Munitionszufuhr	Ladestreifen mit 5 Patronen
Kadenz	max. 15 Schuss / min.
Züge	vier
Drall	rechts, 240 mm, 29,3 Kalibern, 6,17 Grad
Visier	Kurvenvisier, 100 m bis 2000 m
Scharfschützenwaffe	besonders ausgesuchte Modelle mit hoher Präzession wurden hierfür verwendet, Zusatzausstattung für Scharfschützen: Zielfernrohr ZF 41, ZF 42

Bildtafel

Privatarchiv des Autors, Foto: Landser auf dem Weg zur Front

Bundesarchiv, Signatur: Bild 101I-216-0417-19, Foto: Dieck,
Sowjetunion, bei Woronesch - zwei Soldaten in Stellung, Soldat mit Gewehr und Zielfernrohr im
Anschlag und Soldat mit Fernglas beobachtend; PK 694

Privatarchiv des Autors, Foto: Landser an einem Fluss, Lastwagen, Krad mit Beiwagen

Privatarchiv des Autors, Foto: Landser vor einer Ruine

116

Privatarchiv des Autors, Foto: Lastwagen vor einer Ruine

Privatarchiv des Autors, Foto: Soldaten in einer Stadt

Privatarchiv des Autors, Foto: schweres Maschinengewehr (MG auf Lafette)

Privatarchiv des Autors, Foto: die Gruppe tritt noch einmal an, dann geht es los

Quellen- und Literaturverzeichnis, Buchtipps:

Der Romanteil ist eine überarbeitete Version der Erstauflage „In den Trümmern von Woronesch", aus der Reihe: Der Landser, Pabel-Moewig Verlag Rastatt, Heft Nr. 2647

Kriegstagebuch des Oberkommandos der Wehrmacht (Wehrmachtsführungsstab) 1940-1945 (1961 – 1965)
Sonderausgabe, Berdard & Graefe Verlag, Bonn,
Hrsg. Prof. Dr. Percy Ernst Schramm, erläutert von Prof. Dr.Andreas Hillgruber, Prof. Dr. Walther Hubatsch, Prof. Dr. Hans-Adolf Jacobsen und Prof. Dr. Percy Ernst Schramm, ISBN 3-7637-5933-6

Chronik des Zweiten Weltkriegs – Kalendarium militärischer und politischer Ereignisse 1939 - 1945
Andreas Hillgruber/Gerhard Hümmelchen, Sonderausgabe für den Gondrom Verlag, Bindlach 1989, ISBN 3-8112-0642-7

Das Bundesarchiv, Potsdamer Straße 1, 56075 Koblenz, insbesondere: Bilddatenbank des Bundesarchivs.

Infanteriewaffen Gestern (1918-1945) Band 1
Reiner Lidschun, Günter Wollert, Brandenburgisches Verlagshaus,
3. Auflage 1998, ISBN 3-89488-036-8

Infanteriewaffen Gestern (1918-1945) Band 2
Reiner Lidschun, Günter Wollert, Brandenburgisches Verlagshaus,
3. Auflage, 1998, ISBN 3-89488-036-8

Deutsche Kriegsverbrechen in Italien: Täter, Opfer, Strafverfolgung, Verlag: C.H.Beck; Auflage: 1 (23. September 1996) ISBN-10: 3406392687, Gerhard Schreiber

Jäger und Gejagte, Die Geschichte der Scharfschützen, Motorbuch Verlag Stuttgart, 4. Auflage 1991, ISBN: 3-87943-373-9, Jan Boger

Deutsche Uniformen 1939 – 1945, Motorbuch Verlag Stuttgart, 4. Auflage 2004, ISBN: 3-613-01869-1, Jean de Lagarde

Das Handbuch der deutschen Infanterie 1939 – 1945, Edition Dörfler im Nebel Verlag GmbH, Eggolsheim, ISBN: 3-89555-041-8, Alex Buchner
sowie

überlieferte Erinnerungen und überlassene Aufzeichnungen von Veteranen und Zeitzeugen (schriftlich o. im persönlichen Gespräch mit dem Autor) und eigene Kenntnisse des Autors